Ralf Sotscheck
Wetten, Whisky, Algenbäder
Britische Inselwelten

Ralf Sotscheck

Wetten, Whisky, Algenbäder

Britische Inselwelten

Picus Lesereisen

Picus Verlag Wien

Grafische Gestaltung: Dorothea Löcker, Wien
Umschlagabbildung: © Bildagentur Huber/Fantuz
Druck und Verarbeitung: Remaprint, Wien
ISBN: 978-3-85452-945-3

Informationen über das aktuelle Programm
des Picus Verlags und Veranstaltungen unter
www.picus.at

Inhalt

Vorwort

Die britischen Inseln – was ist das eigentlich? Der Begriff geht vermutlich auf die Bezeichnung »pretanische Inseln« aus der Antike zurück. Zu dem Archipel gehören, jedenfalls geografisch gesehen, Großbritannien, Irland, die Hebriden, Shetland, Orkney, die Isle of Man, die Scilly-Inseln und die Isle of Wight. Insgesamt sind es sechstausend Inseln mit einer Fläche von rund dreihundertfünfzehntausend Quadratkilometern. Großbritannien ist die größte der britischen Inseln und umfasst England, Schottland und Wales. Zum Vereinigten Königreich gehört neben diesen drei Ländern auch Nordirland.

Betrachtet man es politisch, gehört die Republik Irland nicht zu den britischen Inseln, dafür aber die Kanalinseln vor der französischen Küste, die geografisch jedoch dem europäischen Festland zugerechnet werden. Aber es ist noch komplizierter: Die Kanalinseln sind weder ein Teil des Vereinigten Königreichs noch eine Kronkolonie, sondern sind als Kronbesitz der britischen Krone unterstellt. Die Isle of Man hat denselben Status. Beim Beitritt Großbritanniens zur Europäischen Gemeinschaft 1973 wurde dieser Status in einem Zusatzprotokoll festgehalten: Die Kanalinseln und die Isle of Man sind nicht Mitglieder der EU, nehmen aber an der Zollunion teil.

Soweit zum Hintergrund. Die Begriffe »England« und »Großbritannien« werden oft synonym gebraucht. Das stammt aus Zeiten, als im britischen Weltreich, dessen Machtzentrum nun mal London war, die Sonne nie unterging. Das ist längst vorbei, heutzutage hat die britische Regierung alle Mühe, wenigstens die Einheit des Vereinigten Königreichs zu bewahren.

Irland musste man 1922 in die Unabhängigkeit ziehen lassen, Schottland und Wales haben seit 1999 ihre eigenen Regionalparlamente. Und in Schottland regieren seit 2007 die Separatisten. Die Scottish National Party (SNP) lag bei den Wahlen einen Sitz vor der Labour Party, die Schottlands Politik mehr als fünfzig Jahre lang dominiert hatte. Zur absoluten Mehrheit reichte es für die SNP nicht. Aber sie stellt den Premierminister. Alex Salmond räumt ein, dass seine Minderheitsregierung das Referendum zur schottischen Unabhängigkeit verschieben müsse. Eigentlich sollte das Volk im Jahr 2010 darüber entscheiden. »Vergesst nicht, dass Rom nicht an einem Tag erbaut wurde«, sagt er. »Nicht mal in hundert Tagen.«

Seit seinem Amtsantritt war Salmond bereits mehrmals in Belfast. Er will die »keltische Achse« zwischen Nordirland, Schottland und Wales stärken, um vereint mehr Zugeständnisse bei der Londoner Regierung herauszuholen. Sein erster Besuch nach den Wahlen galt allerdings weder Belfast noch London, sondern Brüssel. Dort reklamierte er Schottlands Platz in Europa und trat auf, als ob er mit dem britischen Premierminister Gordon Brown gleichrangig wäre.

Das Verhältnis zwischen Schotten und Engländern war nie besonders herzlich. »Ich bin mit einem Hass auf England und die Engländer aufgewachsen«, sagt der schottische Journalist Kevin Toolis, der seit vielen Jahren in London lebt. »Ihre affektierten Stimmen im Fernsehen reichten schon aus, um sie als Feind zu identifizieren. Ich wusste das, obwohl ich nie einem Engländer begegnet war. Ich war Schotte.« Toolis fragt sich, was *scottishness* eigentlich sei. »Niemand hat darauf bisher eine Antwort«, sagt er, »aber ich hoffe, dass es mehr ist als ein Haufen Mythen und der Hass, mit dem ich aufgewachsen bin.«

Schottland hat die schlechteste Bilanz aller britischen Regionen, was den Rassismus angeht: Übergriffe sind dreimal so häufig wie in England oder Wales, wo die Zwischenfälle allerdings auch zugenommen haben. Es sind keineswegs ausschließlich Schwarze oder Asiaten betroffen; viele Engländer, die sich in Schottland niedergelassen haben, müssen sich Verbalattacken gefallen lassen, oft kommt es auch zu Handgreiflichkeiten.

In Wales liegen die Dinge etwas anders, da das Land in einen nationalistischeren Norden und einen mehr englisch orientierten Süden gespalten ist. Ein Fünftel der Bevölkerung spricht Walisisch als erste Sprache, ein weiteres Fünftel sind Zuwanderer aus England. Wales hat eine Versammlung von sechzig Abgeordneten, die über Bildung und Wohnungsbau, Gesundheit und Transport, Umwelt und Landwirtschaft entscheiden dürfen. Und sie dürfen die Zuschüsse aus London verwalten.

Der Dichter Dylan Thomas, den der US-amerikanische Sänger Robert Zimmerman so sehr bewunderte, dass er sich in Bob Dylan umbenannte, schrieb über sein Heimatland: »Ich wurde zu Beginn des Ersten Weltkriegs in einer großen walisischen Industriestadt geboren: eine hässliche, liebenswerte Stadt.« Es war Swansea. Auf Walisisch heißt sie Abertawe, die Mündung des Tawe, ein Fluss, der jahrhundertelang als Abwasserkanal für die metallverarbeitende Industrie diente und sich davon nur langsam erholt. »Diese Küstenstadt war meine Welt«, schrieb Thomas, dem man in Swansea ein Denkmal, ein Theater und ein Museum gewidmet hat. »Außerhalb ging ein fremdartiges Wales mit seinen Kohleschächten, Bergen, Flüssen und, soweit ich wusste, Chören und Schafen und hohen Geschichtenbuchhüten seinen Geschäften nach, die nichts mit mir zu tun hatten; hinter diesem unbekannten Wales lag England, und das war London.«

Warum werden Schottland und Wales von London so unterschiedlich behandelt? »Weil in Schottland die Nationalisten viel stärker sind als in Wales«, sagt die Labour-Politikerin Val Feld. »Wales ist eine Ansammlung von Gemeinden, manche sprechen englisch, andere walisisch, manche sind industrialisiert, manche ländlich, aber alle haben eine gemeinsame Identität. Doch die Menschen sind ihrer Gemeinde stärker verbunden als dem Land, das Nationalgefühl ist eher schwach. Die meisten wissen, dass ein unabhängiges Wales nicht überleben kann.«

1979, als die Waliser zum ersten Mal abstimmen durften, ob sie mehr Autonomie wollten, waren nur zehn Prozent dafür. 1998 ging der Vorschlag knapp durch, in Schottland fiel das Ergebnis hingegen deutlich aus. Ein Ministerium für Wales gibt es erst seit 1964, ein walisisches Amt für Wirtschaftsentwicklung seit 1976.

Die Waliser hatten noch nie viel zu lachen. Nicht genug, dass Edward I. im Jahr 1283 David III., den letzten einheimischen Prinzen von Wales, hinrichten ließ und den Titel dem britischen Thronfolger zuschanzte, was in Anbetracht des derzeitigen peinlichen Prinzen besonders schmerzhaft ist. Dann ließ

Brüssel auch noch das ganze Land verschwinden. Das statistische Jahrbuch der Europäischen Union für das Jahr 2005 enthält auf dem Umschlag eine Landkarte der EU mitsamt den zehn neuen Mitgliedsstaaten. Doch Wales gibt es darauf nicht. Wo es bisher lag, fließt die Irische See: von Chester im Norden bis Cornwall im Süden nur blaues Wasser. Wohin ist Wales verschwunden? Zuletzt wurde es in Richtung Karibik treibend gesehen, meinte ein gehässiger EU-Beamter und fügte hinzu: »Dort sind die Nachbarn netter und das Klima besser als an dem bisherigen Standort des Landes.«

Das mag sein. Sicher, irgendwann hatten die Waliser auch mal ein Parlament. 1406 trafen sich die Anhänger des Freiheitskämpfers Owain Glyndwr in der Nähe von Machynlleth und gründeten das Parlament, doch den genauen Ort kennt niemand. In der Unionsakte von 1536, als Wales mit England vereinigt wurde, wurden walisische Sprache und Kultur verboten. Offiziell ist das Gesetz bis heute nicht aufgehoben.

Auch den Iren hatten die Engländer Sprache und Kultur verboten. Sie nutzten die Hungersnot Mitte des 19. Jahrhunderts aus, die zwar durch die Kartoffelpest ausgelöst, aber durch den erzwungenen Export der verbliebenen Lebensmittel nach England zum Genozid wurde. Die anglikanische Kirche versuchte, hungernde Katholiken mit einer Mahlzeit zum Konvertieren zu bewegen. Noch heute bezeichnen ältere Iren die Nachfahren dieser Konvertiten geringschätzig als *soupers*, die ihren Glauben für einen Teller Suppe verraten haben. Die Hungersnot hat sich tief in die irische Psyche eingegraben, sie prägt zum Teil bis heute das Verhältnis zu England.

In den vergangenen zwei Jahrhunderten sind Millionen Iren nach Großbritannien ausgewandert. Sie haben dort Eisenbahnen gebaut, Bürohochhäuser in London, den Kanaltunnel. Doch die Heimat lag nie in weiter Ferne. Die Emigranten bekamen die Entwicklungen auf der Heimatinsel mit. Umgekehrt bekam man aber auch in Irland mit, wie die Iren in Großbritannien behandelt wurden. In Cartoons stellte man sie als Affen dar, in manchen Restaurants war Iren und Hunden der Zutritt verwehrt, bei Stellenangeboten brauchten sich Iren erst gar nicht zu bewerben. So viel hat sich seitdem nicht geändert: Ein schwarzer Ire, der nach London ausgewandert war, wurde von einem Freund nach rassistischen Übergriffen gefragt. »Niemand kümmert sich um meine Hautfarbe«, antwortete er. »Erst wenn sie meinen Dubliner Dialekt hören, bekomme ich Ärger.«

Aber Iren sind auch Wähler. Ein britischer Politiker sagte einmal: »In meinen Adern fließt irisches Blut. Meine Mutter wurde in der Wohnung über dem Haushaltswarenladen in der Hauptstraße von Ballyshannon in der Grafschaft Donegal geboren. Als Kind habe ich praktisch alle Sommerferien dort verbracht, bis der Nordirlandkonflikt ausbrach.« Wäre er ein guter Fußballer gewesen, hätte er einen irischen Pass bekommen, um in der Nationalmannschaft spielen zu können. So aber wurde er Premierminister von Großbritannien. Tony Blairs Bekenntnis zu seinen irischen Wurzeln war an seinen Wahlkreis in Nordengland gerichtet: »Jede Gemeinde dort oben weiß, dass ihre Wurzeln in der irischen Auswanderung zu den Bergwerken nach Großbritannien liegen«, sagte Blair.

Inzwischen orientieren sich die Iren in alle Richtungen. Brüssel bestimmt zunehmend den Alltag, aus den USA werden bestimmte Trends importiert, wie etwa das Rauchverbot, das in Irland früher und strenger als in anderen europäischen Ländern eingeführt wurde, und mit Großbritannien ist man kulturell und wirtschaftlich aufs Engste verbunden. Es ist eine typisch irische Lösung: England wird als Oberbegriff abgelehnt, was sich immer wieder bei Fußballspielen äußert, wo stets der Gegner Englands angefeuert wird, aber der individuelle Engländer wird akzeptiert. Der Philosoph und Romanautor Richard Kearney sagt: »Für die kulturelle Debatte in Irland ist es sehr wichtig zu verstehen, dass die Vorstellung eines ethnisch reinen und politisch wie religiös homogenen irischen Volkes ein Konstrukt ist, das auf den englischen Nationalismus zurückgeht und vom irischen Nationalismus übernommen wurde: Die Iren träumen ihre Träume, sie machen ihre Musik, sie werden immer so sonderbar bleiben, wie sie sind – das war im Grunde die Botschaft. So konnten die Briten ihr Selbstbild und das Gefühl ständiger Bedrohung vor der eigenen Haustür hegen. Als wir dann unsere Unabhängigkeit erlangten, übernahmen wir diesen Mythos von einem reinen, homogenen Irischsein und vergaßen, dass wir eine Vielfalt von Völkern und Kulturen sind, ein Inselvolk, das zwischen dem 7. und dem 10. Jahrhundert seine Botschafter nach Europa entsandte, wie etwa Gallus, Columbanus oder Kilian.«

Das Austernfestival von Clarenbridge

Irland

Peggy Carthy O'Brien isst Austern für ihr Leben gern. Sie war einmal Austernkönigin, aber das ist lange her. Es war 1954, als das Austernfest von Clarenbridge im Westen Irlands zum ersten Mal stattfand. Damals war sie achtzehn, jetzt hat sie sechs erwachsene Kinder, aber sie sieht in ihrem braunen Kleid mit passendem Schleierhütchen noch immer chic aus. »Es kamen damals nur vierunddreißig Gäste«, erzählt sie.

Auch sonst lief nicht alles nach Plan. Die Leute sollten in einem Boot von Galway, der benachbarten Großstadt, nach Clarenbridge gebracht werden, schrieb Paddy Burke, der längst verstorbene Besitzer des besten Fischrestaurants von Clarenbridge, in sein Tagebuch: »Der Motor des Bootes flog in die Luft, sodass alle per Bus anreisen mussten.« Dann stellte man fest, dass sich niemand um die Musik gekümmert hatte. So fuhren zwei Männer ins benachbarte Kinvara und liehen sich ein Akkordeon.

Das Austernfest von Clarenbridge ist – ebenso wie das Austernfest von Galway – von den Hoteliers erfunden worden, die die Tourismussaison gerne in den Herbst verlängern wollten. Einer der Sponsoren des ersten Festivals war Lord Killanin, der langjährige Präsident des Internationalen Olympischen Komitees. »Ich musste vor dem Lord und den anderen Gästen in ›Moran's Restaurant‹ mit einer Auster um ein Bierfass tanzen und sie dann dem Bürgermeister von Clarenbridge überreichen«, erzählt Peggy Carthy O'Brien.

Noch immer wird das Festival am Freitagabend bei »Moran's« eröffnet. Das reetgedeckte Restaurant liegt an einem Weiher. Bei schönem Wetter kann man auf Holzbänken vor der Tür eine üppige Fischplatte zu sich nehmen und das Auge auf den sanften grünen Hügeln auf der anderen Seite des Weihers ruhen lassen. Irland verfüge über vierzig verschiedene Grünschattierungen, heißt es in einem Volkslied, und beim Anflug auf den Flughafen Shannon findet man das bestätigt.

Weiter rechts, am Horizont, ist die Landschaft jedoch grau: Steinhügel und helle Kalksteinplatten so weit das Auge reicht. Der Name dieser Gegend scheint es treffend auszudrücken: Burren – vom irischen Wort *boireann*, was »felsiger Ort« bedeutet. Schon Oliver Cromwells Offiziere behaupteten vom Burren: »Zu wenig Bäume, um einen aufzuhängen, zu wenig Wasser, um einen zu ersäufen, zu wenig Erde, um einen zu verscharren.«

Beim genauen Hinsehen entdeckt man jedoch eine landschaftliche Vielfalt, die einmalig in Europa ist. In dem tausend Quadratkilometer großen Gebiet wachsen Pflanzen aus dem Mittelmeerraum, aus den Alpen und der Arktis einträchtig nebeneinander. Ein besonderes Phänomen sind die Senken, die im Winter von unterirdischen Quellen geflutet werden und im Sommer austrocknen.

Weil man dem irischen Wetter aber auch im Sommer nicht immer trauen kann, hat man vor »Moran's« zur Sicherheit eine Markise mit einer Bühne aufgebaut, auf der eine Band irische Schlager vorträgt. Als sie Pause macht, ruft der Besitzer Willie Moran einen Wettbewerb im Austernöffnen aus. »Only for our foreign guests!« Nur für die ausländischen Gäste. Ein Amerikaner, eine Amerikanerin, ein Franzose und eine Schwedin melden sich. Willie Moran zeigt, wie es gemacht wird: »Man bohrt das Küchenmesser gegenüber dem Scharnier hinein, dabei schneidet man den Muskel der Auster durch, eine leichte Drehung, und die Schale zerfällt in zwei Hälften. Jetzt noch die Auster von der Schale abschneiden, wenden – fertig.«

Es sieht leichter aus, als es ist. Die vier Teilnehmer tun sich trotz der Anfeuerungsrufe des Publikums schwer. Die Schwedin hat nach drei Minuten als Erste eine Auster geöffnet. Aber dann scheitert sie kläglich an der zweiten. Sie stochert noch immer in der Schale herum, als der Franzose seine sechs Austern schon auf dem Teller arrangiert. Er bekommt einen kleinen Pokal: eine versilberte Auster.

»Moran's« ist das berühmteste Restaurant weit und breit. Der US-Regisseur John Houston, der ganz in der Nähe ein Haus besaß, war Stammgast. Einmal, Willie war noch klein, brachte er einen Schauspieler mit. Er rief Willie zu sich an den Tisch und sagte: »Merk dir seinen Namen, er wird einmal berühmt werden.« Es war Paul Newman.

Inzwischen ist Willie Moran Anfang fünfzig und hat viele Prominente in seinem Restaurant bewirtet. Zu den Gästen zählten Prinzessin Margaret und Lord Snowdon, Gracia Patricia von Monaco und Bing Crosby, John Steinbeck und Joan Baez. Der irische Literaturnobelpreisträger Seamus Heaney hat »Moran's« ein Gedicht gewidmet, das im Speisesaal an der Wand hängt. »Lebendig und verletzt lag sie auf ihrem Bett aus Eis«, beginnt es.

»Einmal war sogar die japanische Kaiserin hier«,

erzählt Willie Moran. »Ihr Protokollchef und seine Leute kamen am Vortag und brachten uns Verhaltensregeln bei. Wir sollten uns verbeugen und durften erst reden, wenn wir angesprochen wurden. Am nächsten Tag warteten wir vor der Tür auf die Ankunft der Kaiserin. Kaum war sie aus der Limousine ausgestiegen, da ging mein Vater – er war damals achtzig – auf sie zu, schüttelte ihre Hand und hieß sie herzlich willkommen. Der Protokollchef wurde blass, aber die Kaiserin schien ganz froh, dass man sie wie einen normalen Menschen behandelte.«

Früher, als er noch jünger war, hat Willie Moran zweimal die Weltmeisterschaft im Austernöffnen gewonnen, außerdem wurde er sechsmal irischer Meister, zum ersten Mal mit vierzehn. Sein Rekord steht bei einer Minute und einunddreißig Sekunden für dreißig Austern. Es kommt aber nicht nur auf die Schnelligkeit an. Wenn zu viele Austern zersplittern, gibt es Punktabzüge. »Man braucht viel Kraft dafür«, sagt er, und man sieht es ihm an: Der Muskel an seiner rechten Schulter ist viel größer als der an der linken.

Bei so vielen Austern muss er doch hin und wieder eine Perle gefunden haben? »Sieben oder acht Stück waren es in den vergangenen dreißig Jahren«, winkt er ab. »Winzige Dinger, ich habe sie in einer Streichholzschachtel aufbewahrt, sie aber irgendwann verloren. Die europäische Auster produziert kaum Perlen.«

Aber ist sie ein Aphrodisiakum? Noel Wilkins, Professor für Zoologie an der Universität Galway, hat da seine eigene Theorie: »Alles schaut auf die Auster, aber niemand schaut aufs Glas«, sagt er. »Zur Auster wird Champagner oder schwarzes Bier getrunken. Austernesser haben mehr Lebensfreude.

Bei Fuchsjägern ist die Auster zum Beispiel sehr populär, und Fuchsjäger sind immer scharf.«

Wilkins, Anfang fünfzig, rundlich, mit schütterem Haar und grauem Bart, weiß alles über Austern, was sich zu wissen lohnt. »Außerdem erinnern geöffnete Austern an weibliche Genitalien«, doziert er. »Deshalb essen die Japaner keine Austern oder Muscheln, obwohl sie sonst alles essen, was aus dem Meer kommt. Es ist ihnen peinlich.« Wilkins ist es nicht peinlich, er lässt sich von Willie Moran ein halbes Dutzend servieren. »Die Römer haben manchmal tausend Austern als Vorspeise gegessen«, sagt der Professor. »Heutzutage kann man sich ja nicht mal zehn Dutzend leisten.«

Die Natur kommt mit der Produktion einfach nicht mehr nach. In der Bucht von Galway ist die Austernfischerei mit dem Schleppnetz nur noch an einem einzigen Tag im Jahr gestattet, um die Bestände von Ostrea edulis, der europäischen flachen Auster, zu erhalten. Auch die großen Austernbänke an der Mündung des Colgan liefern nur langsam. Pro Jahr nehmen die wertvollen Masttiere nur zehn Gramm zu.

Während des Festivals in Clarenbridge werden mehr als vierzigtausend Austern verspeist. Und gut vertragen, meint Austern-Professor Wilkins: »Ostrea edulis verursacht kein Völlegefühl, sie ist sauber, fettarm und schmeckt nach Meer. Die Pazifik-Auster ist dagegen reichhaltiger und schwerer. Davon kann man nicht so viele essen.«

Martha Flaherty mag keine Austern, ob europäisch oder pazifisch. Das gibt sie aber nicht zu. »Ich liebe Austern«, ruft sie und fügt etwas leiser hinzu: »Das muss ich doch sagen. Schließlich bin ich die Austernkönigin.« In ihrem blauen Kleid mit der

Königinnenschärpe hat die Einundzwanzigjährige ihre Repräsentationspflichten. Ein bisschen aufgeregt ist sie noch, aber das vergeht schnell.

Als Königin Martha am Sonntag auf ihrer Sänfte ins Festzelt getragen wird, schwappt ihr eine Welle des Wohlwollens entgegen. Die etwa zweitausend Gäste, überwiegend Einheimische, sind schon in prächtiger Stimmung. Sie haben sich fein gemacht, denn das Austernfestival ist der gesellschaftliche Höhepunkt des Jahres.

Auf der Bühne singt Linda Martin, eine der vielen irischen Siegerinnen beim Eurovision Song Contest. Sie ist älter geworden, darüber täuscht auch das leuchtend grüne Kleid mit dem tiefen Rückenausschnitt nicht hinweg. Aber sie bringt die Gäste noch immer in Fahrt. Oder ist es der Alkohol? Kaum ein Mann kann dem kostenlosen Bier des Sponsors widerstehen, die meisten haben zwei, drei *pints* vor sich stehen – jene magischen 0,56 Liter, in denen das Bier auf den britischen Inseln ausgeschenkt wird.

Sonntag ist Familientag in Clarenbridge, Kinder haben freien Eintritt. Es sind sehr viele Kinder gekommen. Haben Austern-Liebhaber mehr Kinder, hat Professor Wilkins recht? Die Kinder interessieren sich jedenfalls mehr für die beiden Clowns als für die Austern. »Austern? Igitt!«, ruft einer, und alle verziehen das Gesicht.

»Paradise Lost« – der Fußballverein Belfast Celtic

Nordirland

Als das Fußballspiel abgepfiffen wurde, rannte Harry Walker zum Tor und griff sich die Eisenstange, an der das Tornetz befestigt war. Er schwang die schwere Stange wie eine Keule über dem Kopf, um sich und seine Mannschaftskameraden gegen die Angriffe der Zuschauer zu verteidigen. Es dauerte eine Ewigkeit, bis sie die rettende Kabine erreicht hatten. Als Walker sich umsah, bemerkte er, dass Mittelstürmer Jimmy Jones fehlte.

Jones stand beim Schlusspfiff an dem Ende des Platzes, das am weitesten vom Kabinentrakt entfernt war. Während er noch die Hand seines Gegners schüttelte, schlug ihm jemand von hinten auf den Kopf. Er flüchtete an den Spielfeldrand, wo die Polizei während des Spiels Aufstellung genommen hatte, doch die Beamten waren verschwunden. Die Menschenmenge holte Jones ein und zerrte ihn über eine Mauer auf die Tribüne. Dort sprang einer von ihnen immer wieder auf Jones' Bein, sodass er einen komplizierten Trümmerbruch erlitt. Wäre ihm nicht ein Freund, der sich unter den Zuschauern befand, zu Hilfe gekommen, hätten sie Jones an diesem Nachmittag umgebracht.

Es war der zweite Weihnachtsfeiertag 1948. Belfast Celtic, das Team von der katholischen Falls Road, musste im Windsor Park antreten, dem Stadion des protestantischen Vereins FC Linfield. Das

Spiel endete unentschieden 1:1, doch davon sprach hinterher niemand mehr. Nachdem Linfield kurz vor Schluss den Ausgleich erzielt hatte, gerieten die fünfundzwanzigtausend Zuschauer völlig aus dem Häuschen. Als auch die uniformierten Polizisten ihre Mützen vor Freude in die Luft warfen, wurde den Celtic-Spielern klar, dass sie von der Polizei keinen Schutz erwarten konnten.

Schon vor dem Spiel hatten sie schlimme Befürchtungen gehabt. Beim Hinspiel im Celtic Park, der bei den Celtic-Fans »Paradise« hieß, war es zwei Monate zuvor zu einer handgreiflichen Auseinandersetzung zwischen dem Celtic-Torwart Kevin McAlinden und dem Linfield-Mittelstürmer Billy Simpson gekommen. Simpson hatte McAlinden getreten. Der rächte sich, indem er Simpson mit einem Faustschlag zu Boden streckte. Alle sahen es, nur der Schiedsrichter nicht. »Damit war der Grundstein für die Krawalle beim Rückspiel im Windsor Park gelegt«, meint der damalige Celtic-Kapitän Harry Walker.

Beim Rückspiel im Windsor Park entschied er nach gewonnener Seitenwahl so zu spielen, dass die eigene Spielhälfte beim Abpfiff näher an den Kabinen lag. Dann gab es in der ersten Halbzeit einen unabsichtlichen Zusammenstoß zwischen Jones und dem Linfield-Mittelfeldspieler Bob Bryson, der sich dabei den Knöchel brach. Linfield-Geschäftsführer Joe Mackey sagte in der Halbzeitpause über Lautsprecher an, dass sich Bryson das Bein gebrochen habe. Dadurch heizte er die ohnehin aufgeladene Stimmung noch mehr an.

Jones hätte fast das Bein amputiert werden müssen. Zwar heilte es nach vielen Monaten, doch es blieb kürzer als das andere Bein. An eine Karriere bei einem großen englischen Verein, die er sich erträumt hatte, war nicht mehr zu denken. Der zweite Weihnachtsfeiertag 1948 war auch das Ende des besten nordirischen Fußballvereins aller Zeiten. Belfast Celtic stellte nach der Saison den Spielbetrieb ein. Die Mannschaft ging noch auf eine Abschiedstournee durch die USA, wo sie Schottland, den damaligen britischen Meister, mit 2:0 besiegte, dann war es vorbei.

Die Fans glaubten zunächst, dass der Club nach ein, zwei Jahren zurückkehren würde, doch es war ein Abschied für immer. Einmal, zum zwanzigsten Jahrestag des fatalen Spiels im Windsor Park, kamen die Celtic-Spieler noch im Celtic Park zu einem Benefizspiel für die Familie eines verstorbenen Teamgefährten zusammen. Dabei schoss Jimmy Jones alle sieben Tore.

Celtic, 1891 gegründet, gewann die irische Meisterschaft vierzehnmal, holte achtmal den Pokal, elfmal die Städtemeisterschaft sowie zehnmal den Gold Cup. 1940 blieb Celtic in sechsunddreißig Spielen in Folge ungeschlagen. In der Gegend um die Falls Road, einem benachteiligten katholischen Viertel nahe der Innenstadt, wurde Celtic schnell zur Legende, und auch sechzig Jahre nach dem Ende des Clubs bleibt er unvergessen.

Die Popularität des Verbandsfußballs in Belfast hängt mit den sozialen und politischen Umständen zusammen. Die ersten Katholiken, die im 18. Jahrhundert in die Stadt gekommen waren, wurden von ihren protestantischen Nachbarn noch wohlwollend aufgenommen. Doch nach der Hungersnot Mitte des 19. Jahrhunderts, als viele Katholiken aus den ländlichen Gegenden nach Belfast flohen, begann der Konkurrenzkampf um die Arbeitsplätze, die Intoleranz nahm immer mehr zu.

Belfast spielte eine Schlüsselrolle in der industriellen Entwicklung Großbritanniens. Die Schiffswerft Harland and Wolff war die größte der Welt und beschäftigte fünfundzwanzigtausend Menschen. Eisengießereien und Seilfirmen florierten, und die Baumwollspinnereien hatten sich nach dem Zusammenbruch ihres Marktes um 1830 auf Leinen umgestellt und versorgten die ganze Welt mit ihrem Produkt. Sechzigtausend Frauen arbeiteten in diesem Industriezweig, doch die Bedingungen waren erschreckend: Die Frauen, die obendrein schlecht bezahlt wurden, waren ständig der Feuchtigkeit ausgesetzt. Ihre Lebenserwartung lag bei vierzig Jahren.

Die Spannungen zwischen Katholiken und Protestanten entluden sich nicht nur auf der Straße, sondern auch in den Fußballstadien, nachdem die ersten Vereine entlang der politischen und konfessionellen Linien gegründet worden waren. Eine besonders unrühmliche Rolle spielte dabei der FC Linfield. Während man bei Celtic nicht auf den Taufschein achtete, durften bei Linfield bis 1991 keine Katholiken spielen. Das Verbot wurde dann nur deshalb aufgehoben, weil der internationale Verband FIFA darauf bestand.

Einmal, Ende der achtziger Jahre, hatte Linfield einen Schwarzafrikaner eingekauft, der wegen seiner Spielkunst schnell zum Publikumsliebling wurde. Das ging so lange gut, bis herauskam, dass er katholisch war. Eine solche Niedertracht hatte man einem Schwarzen offenbar nicht zugetraut, bei der Vertragsunterzeichnung hatte ihn niemand nach seiner Religion gefragt. Der Vertrag wurde umgehend aufgelöst.

Anfang des 20. Jahrhunderts verschärfte sich

die politische Situation, weil die Unabhängigkeitsbewegung an Boden gewann. Der Kampf zwischen den Rebellen und den englischen Besatzungstruppen sowie den unionistischen Protestanten, der 1920 ausbrach und mit der Teilung der Insel endete, wurde in Belfast besonders brutal ausgetragen. Innerhalb von zwei Jahren wurden mehr als vierhundertfünfzig Menschen ermordet, die Mehrheit davon Katholiken, obwohl sie nur ein Viertel der Bevölkerung ausmachten.

Die fast ausschließlich protestantische Polizei untersuchte die Morde kaum, die Beamten waren bei einigen der schlimmsten Massaker sogar selbst die Täter. Unter diesen Umständen war an Fußball auf der Falls Road nicht zu denken, denn Spieler und Zuschauer wären automatisch zu Angriffszielen geworden. Belfast Celtic stellte den Spielbetrieb für vier Jahre ein.

Als der Verein zurückkehrte, waren Land und Fußball-Liga geteilt. Celtic und Linfield dominierten die nordirische Liga, bis zum Zweiten Weltkrieg gewann Celtic zehnmal die Meisterschaft, Linfield viermal. Als die Liga wegen des Krieges vorübergehend aufgelöst und bis 1947 durch eine Regionalliga ersetzt wurde, setzte sich die Vorherrschaft der beiden Clubs fort. Die Spiele gegeneinander waren die Höhepunkte jeder Saison, die Stadien waren voll, und des Öfteren kam es auch zu Krawallen. Die Attacken bei jenem Spiel am zweiten Weihnachtsfeiertag 1948 waren der traurige Höhepunkt.

Celtics Ende war ein großer Verlust für die Liga, von dem sie sich bis heute nicht erholt hat. »Ich denke, die nordirische Fußball-Liga ist tot«, sagt John Walker, der Sohn von Harry Walker. »Die Vereine werden von ein paar Wohltätern am Leben gehalten, weil sie Fußball lieben. Die Zuschauerzahlen gehen zurück, unser Ruf im Ausland sinkt, während anderswo in Europa das spielerische Niveau ständig steigt.« Und Charlie Tully, einer der großen Celtic-Stars, sagt: »Ja, es war ein trauriger Tag, als Jimmy Jones im Windsor Park vom Platz gejagt wurde – ein trauriger Tag für Celtic, für Irland und für die Vereine, die ohne Celtic weiterspielen mussten.«

Jimmy Jones hatte seine Karriere als Amateur ausgerechnet bei Linfield begonnen. Obwohl er gleich zu Beginn einen *hattrick* schoss, musste er danach auf die Reservebank und wurde zum Schluss als Linienrichter eingesetzt. »Danach bin ich einfach nicht mehr hingegangen«, sagt er. »Man merkte bei Linfield gar nicht, dass ich weg war.« Ein Freund nahm ihn zum Celtic Park mit, wo ihn der Trainer Elisha Scott mit einem Bündel Fünfpfundscheine köderte.

Als Jones Tor um Tor für Celtic schoss, dämmerte es Linfield, dass man einen Fehler gemacht hatte. Geschäftsführer Joe Mackey bestellte ihn zu sich und erklärte ihm, er könne seinen Preis selbst bestimmen. »Was mich abgestoßen hat«, sagt Jones, »war Mackeys Bemerkung, dass ich nicht mit den verdammten Taigs spielen sollte.« *Taig* ist ein Schimpfwort für Katholiken. »Ich fühlte mich wohl bei Celtic«, sagt Jones, »Religion war kein Thema. Niemand kümmerte sich darum, was du warst. Ich hatte keine Lust auf diesen sektiererischen Quatsch und sagte Mackey, er könne sich sein Geld sonstwo hinstecken. Ich stürmte aus dem Zimmer und knallte die Tür hinter mir zu. Mackey hat mir das nie verziehen. Sein Hass verfolgte mich bis zu dem Spiel am zweiten Weihnachtsfeiertag 1948.«

Linfield kam glimpflich davon, der Verband verhängte lediglich eine einmonatige Stadionsperre. Das bestärkte das Celtic-Management, den Verein aufzulösen, da man sich von dem protestantisch-unionistisch dominierten Verband hintergangen fühlte.

»Für jemanden wie mich, der im Schatten des Celtic Parks aufwuchs, ist es ein deprimierendes Gefühl, an dem alten Ort vorbeizugehen und zu wissen, dass seine Tore für den Fußball für immer geschlossen sind«, schrieb Charlie Tully, einer der Celtic-Stars, in seiner Autobiografie 1958. Das berühmte Stadion wurde bis in die achtziger Jahre für Windhundrennen benutzt, 1985 wurde es abgerissen.

Der Celtic-Funktionär Frank Hennessey erinnert sich an seinen letzten Besuch an dem Abend, bevor die Bagger kamen: »Obwohl das Licht eingeschaltet war, lag eine düstere und leere Atmosphäre über dem Stadion. Der Gedanke, dass solch ein großartiges Sportdenkmal zerstört werden sollte, machte mich sehr traurig.« Wo früher das »Paradise« war, steht heute ein Einkaufszentrum.

Angriff der Kühe – die weißen Rinder von Chillingham

England

Der Jeep wackelt bedenklich, als die Kuh angreift. Wir haben uns durch einen Sprung auf die Ladefläche in Sicherheit gebracht. Das Tier zieht sich nun ein wenig zurück, beobachtet uns und trottet langsam zur Herde zurück. Es war eine Warnung, und wir nehmen sie ernst.

Kühe sind eigentlich friedliche Tiere, dachten wir. Diese nicht. Sie unterscheiden sich von ihren Artgenossinnen nicht nur durch ihre Angriffslust, sondern auch durch ihre Farbe: weiß mit fuchsroten Ohren und langen weißen Haaren auf dem Rücken. »Die Herde lebt seit siebenhundert Jahren im Park von Chillingham«, sagt Parkwächter Austen Widdows, ein kleiner Mann mit rundem Gesicht und grauen Haaren.

Er trägt Gummistiefel und eine speckige Windjacke mit Löchern. »Wir machen besser, dass wir wegkommen«, sagt er und zieht die grüne Schiebermütze tiefer ins Gesicht. »Die Herde ist dabei, einen Halbkreis zu formen.« Was bedeutet, dass sie sich zur Stampede bereit macht.

Chillingham ist ein kleiner Ort neben der Schnellstraße A1 zwischen Newcastle und Berwick-upon-Tweed im Norden Englands nahe der schottischen Grenze. Das Nest mit seinen Häusern im Tudor-Stil wurde von den Grafen von Tankerville gegründet. Es gibt auch ein mittelalterliches Schloss mit Verlies und Folterkammer. König Heinrich III. war hier oft zu Gast. Er war es, der im 13. Jahrhundert die Genehmigung gab, eine Mauer um das Anwesen zu ziehen. Fortan war die Rinderherde im Park gefangen, und das war auch Sinn der Sache. So konnten die Schotten bei ihren Raubzügen die Tiere nicht stehlen, und die Schlossbewohner hatten Nahrung, wenn ihnen der Sinn nach Rinderbraten stand.

Die Schädelform und die Art der Hörner deuten darauf hin, dass die wilden weißen Rinder Nachfahren der Auerochsen sind, die in prähistorischer Zeit in Nordeuropa lebten. Die waren allerdings dunkel. Möglicherweise sind keltische Druiden für die weiße Züchtung verantwortlich, denn weiße Rinder waren Opfergaben und daher wertvoll.

Die jahrhundertelange Inzucht scheint ihnen nichts ausgemacht zu haben, die Tiere sind heute lediglich etwas kleiner als früher. Ein Bulle wiegt rund zehn, eine Kuh sieben Zentner. »Die Kühe werden erst mit drei bis vier Jahren geschlechtsreif«, sagt Widdows. »Allein der Leitbulle, der König, darf die Kühe decken. Es ist immer der kräftigste Bulle, meist wird er im Alter von fünf oder sechs Jahren der King. Und seine Herrschaft dauert rund vier Jahre. Das bedeutet, dass er sich nie mit seinen direkten Nachkommen paaren kann.«

Falls ein anderer Bulle den König herausfordern will, entfernt er sich ein wenig von der Herde, brüllt aggressiv und wühlt den Boden mit den Vorderhufen auf. Den losen Sand scharrt er sich über Kopf und Vorderkörper – eine Art Kriegsbemalung. Nimmt der König die Herausforderung an, vollzieht er dasselbe Ritual. »Die Tiere stehen einander eine Weile gegenüber, bis einer urplötzlich angreift«, sagt Widdows. »Dann grasen sie wieder und beobachten einander dabei, bis zum nächsten Angriff. Das kann sich den ganzen Tag hinziehen, bis einer der beiden seine Niederlage akzeptiert. Er muss dann eine Zeit lang aus der Herde verschwinden.«

Die Kämpfe enden selten mit dem Tod eines Kontrahenten. Nur dreimal in diesem Jahrhundert, so wird berichtet, ist ein Tier bei einem Kampf umgekommen. Im Sommer 1939 beispielsweise kehrte der besiegte Bulle nach ein paar Tagen nicht unterwürfig zur Herde zurück, sondern stellte sich ihr trotzig in den Weg. Daraufhin knöpfte ihn sich der König mit Unterstützung eines anderen Bullen vor. Am nächsten Morgen fand man das aufmüpfige Tier tot mit zerquetschtem Brustkasten. Sein Skelett steht heute im Hancock-Museum in Newcastle.

Widdows stoppt den Jeep und springt hinaus. Die weißen Rinder stehen am Bach in dreihundert Metern Entfernung. Der Parkwächter wirft schnell einige Bündel Heu von der Ladefläche, ohne die Herde aus dem Auge zu lassen. »Im Winter müssen wir zufüttern, weil sie nicht mehr so viel Raum haben wie früher, es sind jetzt nur noch anderthalb Quadratkilometer.« Der Bestand der Herde ist von achtzig Tieren im Jahr 1870 auf heute dreiundvierzig zurückgegangen. 1914 hatte man einen Teil des Parks in Ackerland umgewandelt. Die neunzigjährige Gräfin Tankerville, zweite Frau des Grafen, ist Schirmdame über Park und Rinder.

Die Kühe kommen langsam im Gänsemarsch auf uns zu. Ihre Rücken sind gerade, sie haben ein fast eckiges Aussehen. »Die Leitkuh führt sie an«, sagt Widdows. »Niemand darf fressen, bevor sie es tut. Hat sie noch keinen Hunger, haben die anderen

Pech gehabt. Die Tiere nehmen nur Heu, zur Not auch mal Stroh.«

Vor gut einem halben Jahrhundert wäre die Herde fast ausgestorben. Damals herrschte in ganz Europa ein strenger Winter, in Nordengland lag der Schnee mehr als sechs Meter hoch. Als die Herde hinunter zum Bach ging, um zu trinken, konnte sie wegen des Schnees nicht mehr zurück. Nur acht Kühe und fünf Bullen überlebten.

Ein Jahr lang wurde kein Kalb mehr geboren, und man glaubte bereits, die Art wäre verloren, doch allmählich ging die Zahl wieder nach oben. Die Natur griff helfend ein: Die Kühe brachten vorübergehend schon mit zweieinhalb Jahren Kälber zur Welt. »Der Königsbulle regierte damals für zwölf Jahre, weil er keine Widersacher hatte«, sagt Widdows.

Widdows arbeitet seit vielen Jahren als Parkwächter in Chillingham, doch selbst er bemerkt eine Schwangerschaft erst, wenn das Kalb bereits geboren ist: »Sie tragen ihre Kälber sehr hoch, wahrscheinlich wegen der häufigen Stampeden. Sie sind ohnehin sehr beweglich, manche Tiere können zwei Meter hoch springen.« Wenn die Geburtswehen beginnen, verschwindet die Kuh im Unterholz und bringt dort das Kalb zur Welt. Sie hält es etwa eine Woche lang versteckt, bevor sie es zur Herde führt.

»Der König schaut es sich an«, sagt Widdows, »und entscheidet, ob es kräftig genug ist, um mit der Herde mitzuhalten. Wenn nicht, schickt er die Kuh mit ihrem Kalb weg, und sie muss es später noch mal versuchen. Ist der König zufrieden, stellt er es den anderen Rindern einzeln vor.«

Die Zeremonie stammt aus Zeiten, als die wilden Rinder natürliche Feinde hatten. Schwächliche Kälber zogen Wölfe an und gefährdeten die ganze Herde. Aus demselben Grund tötete die Herde früher alte Tiere. Heute werden sie lediglich weggeschickt und leben allein in der Nähe des Baches, bis sie sterben.

Einmal sei die Herde zufällig auf ein erst wenige Stunden altes Kalb gestoßen, erzählt Widdows. »Vor allem die Kühe griffen es sofort an und versuchten, es zu töten. Das Muttertier verteidigte es jedoch, und es überlebte. Eine Woche später stellte sie das Kalb dem König vor, und er akzeptierte es.«

Die alten Instinkte sind bei den wilden Rindern noch sehr ausgeprägt. Ein Schäferhund bringt sie nicht aus der Ruhe, wohl aber ein Rudel Jagdhunde. Dann gehen sie in Angriffsformation: die Kälber in die Mitte, die Kühe vorne und an den beiden Seiten die Bullen. Die Tiere können den Schweiß der Angst riechen. Meist ignorieren sie die Besuchergruppen, wenn sie ihnen nicht zu nahe kommen, doch manchmal reagieren sie unruhig. »In dem Fall ist garantiert jemand dabei, der Angst vor den Rindern hat«, sagt Widdows. »Dann machen sie sich zum Angriff bereit, und man muss die Beine in die Hand nehmen.«

Normalen Menschengeruch mögen sie nicht. Kommt ein Rind mit einem Menschen in Berührung, wird es von den anderen sofort getötet. »Wir fingen mehrere Tiere für einen Zoo ein«, sagt Widdows, »die ungeeigneten ließen wir wieder frei. Eine Stunde später waren sie tot. Ein Kalb war sogar von der eigenen Mutter umgebracht worden.« Eine Gruppe von Kindern mit Trisomie 21 weckte dagegen die freundliche Neugier der Tiere. »Sie kamen immer näher an uns heran«, sagt Widdows, »aber gar nicht aggressiv, sondern fast verwundert. Dieses Verhalten hatte ich bei ihnen noch nie erlebt.«

Die Rinder sind noch nie von einem Tierarzt untersucht worden, man konnte lediglich von sterbenden Tieren Blut entnehmen und es analysieren lassen: Die Blutgruppe ist einzigartig unter westeuropäischen Rindern. »Man kann von diesen Rindern viel für die Viehzucht lernen«, sagt Widdows. »Sie leben auf natürliche Art, bekommen kein künstliches Futter und sind gesund. Es ist die einzige Herde in Großbritannien, die garantiert sicher vor dem Rinderwahnsinn BSE ist.«

Nur einmal, im Jahr 1966, kam eine Krankheit bedrohlich nahe: Die Maul- und Klauenseuche war bis drei Kilometer vor Chillingham vorgedrungen. Das Landwirtschaftsministerium hatte angedroht, die Herde töten zu lassen, sollte auch nur ein Tier erkranken. Die Gefahr wurde abgewendet, doch die Tankervilles wussten, wie knapp man davongekommen war. So begannen sie, eine zweite Herde in Schottland aufzubauen. »Sie schafften zwei Kühe und einen Bullen gen Norden«, sagt Widdows. »Da alle drei Tiere in Kontakt mit Menschen gekommen waren, rochen sie alle gleich, sodass das kein Problem war. Inzwischen ist die Herde auf acht Tiere angewachsen.«

Die Chefkuh hat jetzt angefangen zu fressen. Sie ist schneeweiß, wie die anderen Kühe. Die Bullen sind dagegen mit Staub und Erde bedeckt. Ein Jungbulle scharrt in der Erde, geht dann in die Knie und schaufelt gelenkig den Sand mit den Hufen über den Kopf. Ein zweiter Bulle nähert sich ihm und wühlt ebenfalls im Boden. Plötzlich greift der Jüngere an, sein Kontrahent senkt den Kopf, die Hörner verhaken sich. Eine Weile verharren beide regungslos, bis sie sich voneinander lösen und dem Heu zuwenden. »Sparring«, sagt Widdows, »sie üben, bis einer meint, er sei stark genug, um den König herauszufordern.«

Das neue Dublin ist bunt

Irland

Auf dem modernen Flachbildschirm hoch oben an der Wand laufen russische Videos mit basslastiger Musik. An den fünf kleinen, runden Tischen sitzen ein Dutzend Männer und zwei Frauen, Immigranten aus den baltischen Ländern, und trinken litauisches Bier. Die »Bar Baltica« in Dublins Cahal Brugha Street ist ihr Treffpunkt, ein Litauer hat den Laden übernommen. Die meisten Gäste bleiben an diesem Samstag Nachmittag ein Stündchen, dann stürzen sie sich wieder in das Gewimmel der nahegelegenen Einkaufsmeile.

Früher war die Bar, die von einem Parkhaus umrahmt ist, ein großer irischer Pub. Der neue litauische Besitzer hat die Kneipe geteilt und die Hälfte in einen Supermarkt umgewandelt, sodass die Kneipe mit den unverputzten Wänden und dem alten Kronleuchter, in den ein Stromkabel eingezogen ist, recht klein geworden ist. Eine Angestellte schenkt am Tresen das Bier aus, und an der Rückseite der Bar kassiert sie für die Lebensmittel und die baltischen Zeitungen. Selbst die russische Ausgabe des *Playboy* ist hier erhältlich.

Wladimir aus Vilnius kommt jeden Samstag her, trinkt ein, zwei Bier und erledigt dann seine Einkäufe im »Slavyanskiy Bazar«, wie der Supermarkt heißt. »Ich kann mir russische Videos ausleihen«, sagt er. »Es gibt litauisches, polnisches und tschechisches Bier, aber auch Krimsekt, sibirische Klöße,

Piroggen und baltische Wurst – alles, was ich von zu Hause vermisse.« Ansonsten vermisst er nicht viel. Wladimir ist seit zwei Jahren in der irischen Hauptstadt, sein Englisch ist noch etwas holprig, aber für seinen Job als Stuckateur auf dem Bau reicht es. Ein, zwei Jahre will er noch bleiben, vielleicht auch länger, er ist ja nicht verheiratet und hat keine Verpflichtungen. »Die Dubliner«, sagt er, »haben uns Immigranten freundlich aufgenommen.«

Das war nicht immer so. Die Iren waren anfangs den Einwanderern gegenüber misstrauisch und mitunter auch feindselig, und manche sind es immer noch, obwohl Generationen ihrer Vorfahren selbst ausgewandert sind. Siebzig Millionen Menschen auf der Welt berufen sich auf irische Wurzeln. In den achtziger Jahren verließ ein Sechstel der Bevölkerung die Insel, bis der Tiefpunkt von dreieinhalb Millionen erreicht war. Als Irland sich während des Jugoslawienkriegs bereit erklärte, zweihundert Flüchtlinge aufzunehmen, wollten nur hundertsechzig kommen.

Dublin war heruntergekommen, in der Innenstadt gab es viele Brachflächen, auf denen Ziegen grasten, Grundstücksspekulanten ließen die Häuser am Ufer der Liffey verfallen. Dann lockte die Regierung ausländische Unternehmen, vor allem aus den USA, mit niedriger Körperschaftssteuer und einer gut ausgebildeten, englisch sprechenden Arbeiterschaft an. Der Wirtschaftsboom und die damit verbundenen Veränderungen sind über Irland, und vor allem über Dublin, rasant hereingebrochen.

1996 überstieg die Zahl der Einwanderer zum ersten Mal die der Auswanderer, seit der Jahrtausendwende kommen mehr als fünfzigtausend Immigranten jedes Jahr – das sind viermal so viele wie in die USA einwandern, wenn man es auf die Bevölkerungszahl umrechnet. Seit der Osterweiterung der EU sind es noch mehr. Neben Großbritannien und Schweden ist Irland das einzige EU-Land, das keine Sperrfrist für die Menschen aus den neuen EU-Ländern verhängt hat.

Die Bevölkerungszahl ist auf über vier Millionen angestiegen, fast zehn Prozent sind Immigranten, die größte Gruppe stellen die Polen. Dreihunderttausend leben in Irland, zwei Drittel davon in Dublin. In den Supermärkten gibt es Sondertische mit polnischer Ware, und Dublins Abendzeitung, der *Evening Herald*, legt dem Blatt jeden Freitag eine achtseitige Beilage in Polnisch mit Tipps für die Einwanderer bei. So verriet die Zeitung den Einwanderern, dass ihnen hundertfünfzig Euro Kindergeld im Monat zustehen, selbst wenn die Kinder in Polen leben. Nach Veröffentlichung des Artikels stieg die Zahl der Kindergeldanträge von Polen um vierhundert Prozent.

Dass die Immigranten mit mehr oder weniger offenen Armen empfangen werden, hat wirtschaftliche Gründe. Zwischen 1988 und 2000 ist die Zahl der Arbeitsplätze um fünfzig Prozent gestiegen, es herrscht nahezu Vollbeschäftigung, und wenn die Wirtschaft weiter wachsen soll, ist man auf ausländische Arbeitskräfte angewiesen. Dublin ist bunt geworden. Es sind nicht mehr die einheitlichen grauen Ladenzeilen und die blassen Iren, die das Stadtbild prägen, sondern – vor allem im nördlichen Zentrum – die Einwanderer und ihre exotischen Läden, Wirtshäuser und Restaurants. Neben den Polen leben zwanzigtausend Nigerianer, fünfzigtausend Balten und hunderttausend Chinesen in Dublin.

Von der »Bar Baltica« sind es nur wenige Schritte zur Parnell Street. Auf hundert Metern liegen hier ein halbes Dutzend chinesische Restaurants, die in Anbetracht der exorbitanten Dubliner Preise recht billig sind. Sie servieren nicht nur die üblichen Speisen für europäische Gaumen, sondern auch Spezialitäten für die chinesische Gemeinde – zum Beispiel gekochte Hühnerfüße und gewürzten Hackbraten aus Schweinsinnereien. Neben den Restaurants gibt es mehrere chinesische und afro-karibische Supermärkte, in denen auch die Einheimischen gerne einkaufen. Dazwischen ist, recht verloren, ein alteingesessener Laden übrig geblieben. Er verkauft Papageien.

Wenige hundert Meter in südlicher Richtung zweigt die Moore Street von der Parnell Street ab. Es gibt keine andere Straße, in der das alte und das neue Dublin so dicht beieinander liegen. Auf der Straße, die für Autos gesperrt ist, verkaufen die Gemüsehändlerinnen mit dem schärfsten Mundwerk Irlands an hölzernen Ständen ihre Ware, wie sie es seit Jahrzehnten tun. Doch die Ladenzeilen sind fest in ausländischer Hand: nigerianische und chinesische Cafés, ein Friseurgeschäft mit Haarteilen für afrikanische Frauen, ein karibischer Supermarkt sowie eine Reihe von Telefonläden. Viele Chinesen haben sich auf die Reparatur von Handys spezialisiert, die von den Telefongesellschaften als Totalschäden abgeschrieben worden sind. Selbst der Fleischer FX Buckley's, der hier sein Geschäft seit hundert Jahren betreibt, bietet Schweinsköpfe, Schweineohren und Zungen an, die von den Iren verschmäht werden, aber bei den Chinesen sehr beliebt sind.

»Selbst in der kurzen Zeit, in der ich hier bin,

ist Dublin kosmopolitischer geworden«, sagt Ovidiu Matiut. Der Zweiundvierzigjährige stammt aus Rumänien, oder genauer: aus Transsilvanien. Er kam 1999 als Asylbewerber nach Dublin, denn in Rumänien wurde er verfolgt, weil er sich für die transsilvanische Autonomie eingesetzt hatte. Inzwischen hat er die irische Staatsbürgerschaft angenommen.

Er ist nicht sehr groß, aber kräftig. Man sieht ihm an, dass er Sport treibt. Es gibt drei rumänische Fußballmannschaften, die in den unteren irischen Ligen mitmischen. Er spielt für das »Team Dracula«, das sich natürlich aus Transsilvanern zusammensetzt. »Die Verbindung liegt auf der Hand«, sagt Matiut. »Bram Stoker, der den transsilvanischen Grafen Dracula erfunden hat, war Dubliner.«

Eigentlich ist Matiut Bergbauingenieur, aber für diese Arbeit gibt es in Irland keinen Bedarf. So arbeitet er als Integrationsbeauftragter für eine NGO, die vom irischen Justizministerium und der Europäischen Union finanziert wird. Obwohl zwanzigtausend Rumänen in der Stadt leben, gibt es kaum rumänische Läden. »Wir Rumänen sind unternehmerisch nicht sehr begabt«, sagt Matiut, »und das Gemeinschaftsgefühl ist eher unterentwickelt. Vielleicht sind es die Nachwirkungen des Kommunismus, dass wir untereinander misstrauisch sind.«

Kaum einer von ihnen will zurück nach Rumänien. »Anfangs wollen alle nur eine Weile bleiben, Geld verdienen und dann wieder nach Hause«, sagt Matiut. »Aber du veränderst dich. Als ich vor Kurzem zu Besuch in Rumänien war, fühlte ich mich dort nicht mehr zu Hause. So wird es auch den Polen gehen, selbst wenn die meisten jetzt sagen, dass sie in zwei, drei Jahren wieder zurück wollen. Sie werden bleiben. Alle werden sie bleiben. Und das ist gut für Dublin und die neue Atmosphäre der Stadt.«

Baden wie der Prinz von Wales – die Algenbäder von Enniscrone

Irland

Am liebsten möchte man nicht wieder aufstehen. Das muss man auch nicht. Für fünfzehn Euro kann man den ganzen Tag in dem heißen, öligen Algenbad liegen bleiben, wenn man möchte. Kilcullen's Seaweed Baths in Enniscrone im Nordwesten Irlands sind bis abends um acht geöffnet.

Christina Kilcullen, eine blonde Mittvierzigerin im Trainigsanzug, hat einen Kater. »Ich warte auf eine große Flut, die alles wegspült«, sagt sie. »Ich habe die Nase voll von Algen.« Sie meint das nicht so. Gleich darauf erzählt sie, dass sie sich einmal den Halswirbel gebrochen hatte und das Meeresalgenbad der einzige Ort war, wo sie sich schmerzfrei aufhalten konnte.

Die Vorfahren ihres Ehemanns Edward, fünf Generationen zurück, haben die Bäder im Jahr 1912 eröffnet. »Im Jahr der Titanic«, sagt Christina Kilcullen, »das Grundstück dafür hatten sie bereits vierzehn Jahre zuvor gekauft. Das Gebäude im edwardischen Stil war damals der letzte Schrei, und seitdem hat sich nicht viel verändert. Ein paar Renovierungen und Modernisierungen hier und da, aber die Einrichtung der Bäder ist fast hundert Jahre alt.«

Algenbäder gab es in Enniscrone bereits vorher. Manche glauben, dass sie hier erfunden worden sind. Schon um 1750 stand eines dieser Badehäuser an den Klippen nicht weit von den Kilcullens, doch das war der privaten Nutzung des Großgrundbesitzers Christopher Orme vorbehalten. Im 19. Jahrhundert setzte sich das Baden im Meer durch, weil viele dem damaligen Prinzen von Wales nacheiferten, der ein begeisterter Schwimmer war. Dadurch kamen auch die Algenbäder in Mode, Ormes Erben öffneten das Badehaus schließlich der Öffentlichkeit – jedenfalls der Oberschicht. Es herrschte ein solcher Betrieb, dass der alte Kilcullen beschloss, selbst ein Badehaus zu eröffnen.

Die Ausstattung kostete damals tausend Pfund – ein Vermögen. »Das Rohrsystem, durch das das Meerwasser über einen Torfofen in die Bäder geleitet wurde, galt als klempnerisches Meisterwerk«, sagt Christina Kilcullen. »An so manchem Wochenende wurde eine ganze Tonne Torf verfeuert, um das Atlantikwasser zu erwärmen.« Heute wird das Wasser durch einen Ölboiler erhitzt, nachdem es mit einer elektrischen Pumpe in zwei riesige offene Tanks auf dem Dach gepumpt wurde.

Zweimal täglich bei Flut muss die Pumpe unten am Strand eingeschaltet werden. »Im Sommer ist das manchmal um drei Uhr nachts«, sagt Kilcullen. Die Algen werden an dem sechs Meilen langen Sandstrand geschnitten. Nach dem Gebrauch kommen sie in Komposttonnen, ein Bauer holt sie für seine Gemüsebeete ab.

Christina Kilcullen holt einen Korb frischer Algen aus dem Hof. In der Ecke läuft ein Rohr an der Wand hinunter. Dreht man den Hahn auf, strömt heißer Dampf heraus. »Die Algen müssen fünfzehn Sekunden gedämpft werden«, erklärt Kilcullen. »Dabei verändern sie ihre Farbe von dunkelbraun nach flaschengrün und geben ihre Öle in der Wanne ab.«

Doch noch ist es nicht so weit. Bevor man sich in die Wanne legt, muss man in einen Holzkasten, der oben ein Loch hat, aus dem nur der Kopf herausragt. Mit einem Holzhebel neben dem Sitz des sargähnlichen Möbels wird ein Hahn geöffnet, und während sich die Poren durch den heißen Dampf, der in den Kasten strömt, langsam öffnen, behält man einen kühlen Kopf.

Der bewahrt einen davor, zu schnell in die Wanne zu springen. Das Wasser ist heiß, sehr heiß. Es dauert eine Ewigkeit, bis man den Körper Stück für Stück in das salzige Wasser eingetaucht hat. Das Porzellan der Wannen ist rund zwölf Zentimeter dick, jede Wanne wiegt eine halbe Tonne. Würde man sie heutzutage anfertigen lassen, müsste man mindestens zwanzigtausend Euro dafür bezahlen.

Als die Kilcullens vor fünf Jahren drei Küchenräume als zusätzliche Badezimmer einrichten wollten, hatten sie Glück: Die Räume waren früher Badezimmer gewesen, bevor die Vorfahren sie erst in Schlafzimmer und dann zur Küche umbauen ließen. Die Wasseranschlüsse und Rohrleitungen waren noch vorhanden, die Wannen bekam man preiswert von den Bädern im Schloss von Enniscrone, das aus finanziellen Gründen geschlossen werden musste.

Wenn man in der wuchtigen Wanne liegt, bedeckt von Meeresalgen, fühlt man sich schwerelos und vergisst den Alltag. Die Zeit bleibt stehen, man betrachtet träge die Umgebung. Die Wände des Badezimmers sind mit grünen edwardischen Kacheln getäfelt, neben der Wanne liegt ein Handtuch auf einem Holzstuhl, dem einzigen modernen Möbelstück im Raum. Stellt man sich auf den Stuhl und öffnet das Kippfenster über der Milchglasscheibe, blickt man direkt auf den Atlantik.

Über der Wanne hängt drohend ein riesiger Brausekopf aus Metall, daneben ein verdächtiges Gestänge mit einem Griff. Zieht man daran, kommt das Atlantikwasser mit einem Schwall aus der Brause. Auch im Sommer ist das Wasser ziemlich kalt, ein herber Kontrast zu dem heißen Algenbad, den man nur ein paar Sekunden aushält. Zum Glück versiegt das Wasser sofort, wenn man den Griff loslässt. Hin und wieder hört man Schreie aus den anderen Badezimmern, wenn einer der Gäste ahnungslos an dem Griff gezogen hat.

»Wir haben zehntausend Besucher im Jahr«, sagt Christina Kilcullen, »vor zehn Jahren waren es nur tausend – vor allem alte Männer und Frauen, die ihr Rheuma kurieren wollten. Sie schworen auf die Algenbäder und tun es noch heute. Aber inzwischen kommen auch junge Leute. Es hat sich herumgesprochen, dass die Algenbäder viele natürliche Öle und Mineralien enthalten, was gut für die Haut ist. Manchmal schicken sogar Schönheitskliniken ihre Kundschaft zu uns. Selbst Hautausschläge können geheilt werden, denn der hohe Jodgehalt wirkt antiseptisch.« Die Krücken habe allerdings noch niemand nach einem Algenbad weggeworfen, räumt Kilcullen ein.

Wenn etwas gesund und exotisch ist und dazu noch Spaß macht, bleiben Prominente nicht aus. Sean Connery war mal hier, erzählt Christina Kilcullen möglichst beiläufig, er sei ein Freund ihres Bruders. »Die Leute drängelten sich vor den Bädern. Ein anderer Schauspieler, Daniel Day-Lewis, besuchte uns auch mal, als ›Der letzte Mohikaner‹ gedreht wurde. Wenn er mit seiner wallenden Mähne am Strand entlangritt, standen alle Mädels des Dorfes seufzend auf der Promenade. Dann waren da noch die Corrs. Wahrscheinlich haben diese Popsängerinnen wegen unseres Algenbades eine solch schöne Haut. Terry Wogan, der Moderator der BBC, hat vor Jahren mal einen Film über uns gedreht. Ich hatte ihn bis dahin sehr verehrt, aber er entpuppte sich als unangenehmer Zeitgenosse. Ich glaube, er hasst Algen und wäre lieber woanders gewesen.«

Dann zieht sie ihren Trainingsanzug aus, unter dem ein Badeanzug zum Vorschein kommt. »Ich schwimme jetzt eine Runde im Meer«, sagt sie. »Das mache ich im Sommer wie im Winter. Es ist das beste Mittel gegen einen Kater. Das haben schon meine verrückten Vorfahren getan. Und die wurden alle mindestens neunzig.«

Die romantische Insel

Isle of Wight

Edward Minghella serviert seiner Frau Gloria drei Kugeln Eiscreme auf einer Untertasse. »Walnuss mit Ahornsirup«, sagt er, »ihre Lieblingssorte.« Die Sechzigjährige sitzt an ihrem Schreibtisch im Büro hinter der Fabrikhalle, wo die Angestellten in großen Bottichen die Eiscreme rühren. »Minghella – einmal probiert, schon verliebt«, so lautet das Firmenmotto. Das Fabriksgebäude, ein unscheinbarer Flachbau, liegt in Wootton Bridge im Norden der Isle of Wight.

In ihrem langen Rock, der grauen Strickjacke und den weißen Sandalen wirkt Gloria Minghella etwas verloren hinter dem großen Schreibtisch. »Das Geschäft ist uns über den Kopf gewachsen, und schuld daran ist er«, sagt sie und zeigt auf ein Filmplakat, das hinter ihr an der Wand hängt: »Der englische Patient.« Regie führte der im März 2008 verstorbene Anthony Minghella, Glorias und Edwards ältester Sohn. 1997 gewann der Film zwölf Oscars.

»Anthony sagte bei der Preisverleihung, das sei ein großartiger Tag für die Isle of Wight«, erzählt Gloria Minghella. »Wir fühlen uns nämlich weder als Engländer noch als Briten, sondern als Wighters. Anthony hat unsere Insel weltbekannt gemacht.« Und die Eiscreme hat er auch bekannt gemacht. Um den Erfolg des Sohnes gebührend zu feiern, kreierte Edward Minghella die »Oscar Celebration

Ice Cream« mit Passionsfrüchten und natürlich mit Champagner.

In dem kleinen Vorraum, durch den man die Fabrik betritt, gibt es eine schmale Theke, wo die Kundschaft zwischen sechzig verschiedenen Sorten wählen kann. Edward Minghella gründete die Fabrik 1950. »Ich hatte im Vorjahr Urlaub auf der Isle of Wight gemacht«, erzählt er, »und gleich bei meinem ersten Besuch habe ich mich in die Insel und in Gloria verliebt.« Edward, ein schlanker Mann mit grauem Schnurrbart und Halbglatze, stammt aus Schottland, seine Eltern waren aus Italien eingewandert. Seinen schottischen Akzent hat er auch nach mehr als fünfzig Jahren auf der Insel vor der Südküste Englands nicht verloren.

Der schönste Ort ist für ihn Osborne House, der Alterssitz Königin Victorias in Cowes nur wenige Meilen nordwestlich der Eiscremefabrik. »Es ist ein romantischer Ort«, sagt er. »Ich kann verstehen, warum Victoria das Anwesen so gemocht hat.« 1844 schrieb die Königin in ihr Tagebuch: »Es ist unmöglich, sich einen hübscheren Ort vorzustellen. Wir haben einen reizenden Strand ganz für uns alleine. Wir können überall hingehen, ohne belästigt zu werden.« Sie hat Osborne House zeitlebens ihren offiziellen Palästen Windsor Castle und Buckingham Palace vorgezogen.

Das Schloss hatte ursprünglich nur sechzehn Zimmer, was für eine Herrscherin über ein Weltreich nicht viel ist. Victorias Mann, Prinz Albert von Sachsen-Coburg, nahm sich der Sache an und entwarf einen Erweiterungsflügel im italienischen Stil, der schließlich den Platz bot, der Victoria und ihrer Gefolgschaft angemessen war.

Albert war am 10. Oktober 1839 zu Besuch auf

Schloss Windsor eingetroffen. Fünf Tage später hielt die Queen um seine Hand an, denn umgekehrt wäre es ein Verstoß gegen Sitte und Anstand gewesen. »Ich sagte ihm, dass ich seiner unwürdig sei«, vertraute sie ihrem Tagebuch an. »Er antwortete, er wäre glücklich, sein Leben mit mir verbringen zu dürfen.«

Es sollte nicht sehr lange andauern. Albert starb 1861 an Typhus, Victoria trauerte vierzig Jahre lang bis zu ihrem eigenen Tod um ihn. »Seine Wünsche, seine Pläne und seine Ansichten über alles und jedes werde ich zum Gesetz machen«, verkündete sie nach seinem Tod. Sie zog sich immer häufiger auf die Isle of Wight zurück und regierte ihr Weltreich von Osborne House aus, wo sie 1901 starb. Ihr Sohn, Eduard VII., schenkte den Palast dem Volk, und seitdem können auch gewöhnliche Menschen den Blick vom Schloss über den Solent zur englischen Südküste schweifen lassen. Albert fühlte sich dabei an den Golf von Neapel erinnert.

»Dort wohnen möchte ich nicht«, sagt Gloria Minghella, die große goldene Ohrringe trägt, wie auch Victoria sie trug. »Man wird in dem Haus von der Geschichte fast erdrückt. Victoria war mit acht europäischen Königshäusern direkt oder durch Heirat verwandt, darunter auch mit dem deutschen.« Kaiser Wilhelm II. war ihr Enkel, und er besuchte sie gelegentlich auf Wight.

Besonders angetan war er vom Jachtclub in Cowes. Der Club, dem Wilhelm beitrat, war 1815 von der königlichen Familie gegründet worden und hat seinen Sitz nach wie vor im Cowes Castle. Er ist heute noch genauso versnobt wie damals. In den Clubregeln heißt es, dass man einem in Not geratenen Mitglied Hilfe anbieten sollte, selbst wenn man einander noch nicht vorgestellt worden sei. Der Admiral's Cup, der alle zwei Jahre ausgetragen wird, und die seit 1826 Mitte August veranstaltete Cowes Week sind im Kalender der High Society ein Fixpunkt. Nach ihrem Vorbild gründete Wilhelm die Kieler Woche. Der Cowes Week konnte sie den Rang freilich nie streitig machen.

Victoria und Albert hatten eine Art Massentourismus der Reichen und Berühmten zur Isle of Wight ausgelöst. Der Dichter Alfred Lord Tennyson gehörte zum Freundeskreis des Königspaars. »Damals galten Dichter noch etwas«, sagt Edward Minghella. »Tennyson mietete 1853 das Herrenhaus Farringford bei Freshwater im Westen der Insel. Dort schrieb er sein Gedicht ›Maud‹.« Minghella greift hinter sich ins Bücherregal und zieht ein zerfleddertes, schwarz eingebundenes Buch heraus und beginnt vorzulesen:

Komm in den Garten, Maud,
Denn die schwarze Fledermaus, die Nacht, ist
fortgeflogen,
Komm in den Garten, Maud,
Ich stehe hier allein am Tor;
Und die Würze des Geißblatts ist davongezogen,
Und der Moschusduft der Rose ist verweht.

Das Gedicht war so erfolgreich, dass sich Tennyson von den Tantiemen Farringford kaufen konnte. Er wanderte oft zu den Needles an der westlichen Spitze, drei gewaltige vorgelagerte Kreidefelsen, die wie Nadeln dreißig Meter aus dem Meer emporragen. Bis vor dreitausendfünfhundert Jahren waren sie mit der Insel verbunden. Hier malte Turner sein erstes Ölbild: »Fischerboote bei den Needles.« Und hier verbrachten George Bernard Shaw und T. S. Eliot mit ihren Gattinnen die Flitterwochen.

Die Isle of Wight war bei Schriftstellern und Künstlern freilich schon vor Ankunft des Königspaars beliebt. Keats schrieb in Shanklin »St. Agnes Eve«, Dickens schrieb in Bonchurch ein paar Kapitel seines »David Copperfield«, Priestley lebte mehrere Jahre auf der Insel, Liszt spielte in einer Kneipe in Ryde Klavier. Auch Wordsworth kam gerne nach Wight. Er mietete sich 1793 im Carisbrooke Castle ein, einer normannischen Burg, die auf einer Anhöhe bei Newport liegt, der Hauptstadt Wights. An der Stelle hatten bereits die Römer ein Fort errichtet. Karl I. wurde 1647 in Carisbrooke Castle gefangen gehalten, bis man ihn zwei Jahre später nach London brachte und hinrichtete.

Wegen der außergewöhnlichen Anhäufung berühmter Leute schrieb Hester Thackeray Fuller in ihrem Buch »Three Freshwater Friends« verzweifelt: »Gibt es denn keine gewöhnlichen Leute hier? Ist denn jeder ein Dichter, Maler, Genie oder sonst irgendetwas Besonderes?«

1970 kamen die Hippies nach Freshwater. Mehr als eine halbe Million Menschen strömten zum dritten und letzten Popfestival auf die Insel. »In den ersten beiden Jahren war es noch ein Geheimtipp«, erzählt Margaret, die damals sechzehn war und sich heimlich aus ihrem Elternhaus in Brighton davongeschlichen hatte. »Es war umwerfend. Jimi Hendrix, Joan Baez, Ten Years After, Procul Harum – alle waren da.«

Margaret ist geblieben. Sie hat sich in Ventnor niedergelassen und schlägt sich mit Gelegenheitsarbeiten durch. Wenn sie nicht arbeitet, sitzt sie im »Volunteer Inn«, der kleinsten Inselkneipe aus dem

Jahr 1869: vier kleine, runde Tische, zwei Holzbänke, ein paar Schemel und vier Barhocker. Margaret, die grauen Haare streng zurückgekämmt, trägt einen schwarzen Rolling-Stones-Pullover. Aus der Bibliothek hat sie sich gerade eine Mick-Jagger-Biografie ausgeliehen. »Die Festival-Atmosphäre kann man sich heute kaum noch vorstellen«, sagt sie. »So turbulent wird es auf Wight nie mehr zugehen. Aber man wird ja auch älter.«

Die Minghellas können sich noch gut an die Popfestivals erinnern. »Man hat die Musik auf der ganzen Insel gehört«, sagt Gloria Minghella. »Schließlich ist sie ja nur siebenunddreißig Kilometer breit und einundzwanzig Kilometer lang. Die Isle of Wight ist die kleinste Grafschaft Großbritanniens, und sie wird von Jahr zu Jahr kleiner. Wir verlieren im Süden der Insel durchschnittlich drei bis vier Meter im Jahr aufgrund von Erosion.«

Das zweite Popfestival fand 1969 praktisch vor ihrer Haustür bei Ryde statt, einem viktorianischen Badeort, zu dem von Wootton Bridge eine alte Dampfeisenbahn fährt. In Ryde kann man in die Eisenbahn umsteigen, die an der Ostküste das kurze Stück nach Shanklin fährt. Es ist die einzige Eisenbahnstrecke der Insel. Die Waggons kommen einem bekannt vor: Es sind die ausrangierten Züge der Londoner U-Bahn.

In der Altstadt von Shanklin mit ihren kleinen, reetgedeckten *cottages* fühlt man sich um Jahrhunderte zurückversetzt. In den *tea rooms* wird der Tee in Porzellantassen serviert, im Kolonialwarenladen werden Waren aus dem früheren britischen Weltreich angeboten, und im »Crab Inn«, einem vierhundert Jahre alten Pub, gibt es zum *lunch* großzügige Portionen von Meeresfrüchten. Hinter der

Kneipe geht es steil in eine Klamm hinab zum Meer. Zwar kann man auch einen Fahrstuhl nehmen, der einen von der Neustadt Shanklins direkt an den langen Sandstrand bringt, aber Anne Springman findet, dass der Weg durch die Klamm Shanklin Chine der romantischste Weg der Insel ist.

Die Klamm ist seit mehr als tausend Jahren im Besitz ihrer Familie, seit 1817 ist sie für die Öffentlichkeit zugänglich. Springman leitet die Touristenattraktion seit 1981. Sie trägt einen pinkfarbenen Rock und eine farblich abgestimmte Jacke, ans Revers hat sie eine große Brosche gesteckt. Sie hat graue, kurze Haare und viele kleine Falten im Gesicht. Ihr Alter will sie nicht preisgeben. »Eine Lady darf doch ein Geheimnis haben«, lacht sie, »ich bin eine ältere Alice im Wunderland.«

Aber dann verrät sie sich doch: Sie habe erst im Alter von siebenundfünfzig Jahren geheiratet und vor kurzem ihren vierzehnten Hochzeitstag gefeiert. »Ich wollte nie heiraten, ich wollte mich lieber vergnügen. Ich hatte großartige Jobs: Ich habe beim *Daily Mirror* gearbeitet, ich war die Sekretärin eines russischen Prinzen, und ich habe dem früheren Premierminister Harold Macmillan beim Verfassen seiner Memoiren geholfen.« Heute ist sie Insel-Sheriff, die Repräsentantin der Königin. Es ist das älteste Amt auf der Insel.

»Jeder Künstler, jeder Dichter hat die Shanklin Chine besucht«, erzählt Springman stolz. »Victoria und Albert brachten ihre Besucher aus anderen europäischen Königshäusern her, die Königin bewunderte die wilde Schönheit der Klamm.« Wenn man sie hinter dem »Crab Inn« betritt, muss man rund hundert Stufen neben einem Wasserfall hinabsteigen.

Ein Fußweg führt am Fluss entlang durch üppige Vegetation. Es gibt mehr als hundertfünfzig verschiedene Pflanzen und fünfzig Arten von Moos. Neben dem kleinen Restaurant, das früher eine Pension für Flitterwöchner war, steht eine große Voliere mit einheimischen Vogelarten. »Wir hatten früher ein Eichhörnchen, das uns täglich besucht hat«, sagt Springman. »Aber jetzt hat es sich verliebt und kommt nicht mehr.«

Schräg gegenüber der Voliere liegt ein fünfundsechzig Meter langes, dickes Rohr, der Überrest des Projekts »Pluto«. Durch diese »Pipeline under the Ocean« haben die Alliierten im Zweiten Weltkrieg nach der Landung in der Normandie Benzin für die Truppen nach Frankreich gepumpt, vorbei am »Fisherman's Cottage« am Strand, wo die Rohrleitung im Meer verschwand.

Das Wirtshaus gehört ebenfalls Anne Springman. Sie hat es aber nur zwei Wochen hinter dem Tresen ausgehalten. »Ich stand kurz vor dem Herzinfarkt«, sagt sie, »da habe ich den Laden lieber verpachtet.« Früher war das »Fisherman's Cottage« eine Anlaufstelle für Schmuggler, die bei Nacht und Nebel Weinbrand, Tee und Spitze aus Frankreich heranschafften. »Es soll einen geheimen Tunnel vom Pub durch die Klamm zur Altstadt von Shanklin gegeben haben«, erzählt Springman. »Die Schmuggelei nahm solche Ausmaße an, dass die Steuerbehörde 1820 einen Wachturm an den Fuß der Schlucht gebaut hat.«

Viel habe sich seit damals nicht verändert, finden die Minghellas. »Geschmuggelt wird noch immer«, sagt Gloria Minghella, »die Luft ist so sauber wie früher, die Atmosphäre genauso entspannt. So muss es in England zur Zeit Victorias gewesen sein. Und Karl Marx, der dreimal auf der Insel Urlaub machte, hatte zumindest in einem Punkt recht: Die Isle of Wight sei ein kleines Paradies, hat er geschrieben.«

Englische Höflichkeit und französische Küche

Jersey

Was für ein Bauwerk! Vor rund fünftausend Jahren kamen die Iberer über Nordwestfrankreich nach Jersey, bauten aus Stein, ohne Mörtel, eine kreuzförmige Grabkammer im Südosten der Insel und schütteten darüber einen zwölf Meter hohen Hügel mit einem Durchmesser von zweiundfünfzig Metern auf. »La Hougue Bie«, so heißt das neolithische Grab. Der Name bedeutet »Hügel der Hambye«, nach einer wohlhabenden Familie aus der Normandie, die viel Land auf Jersey besaß.

»La Hougue Bie ist eine Kurzfassung der Geschichte Jerseys«, sagt Arthur Lamy. Er ist fit, sehr fit, denn im Sommer macht er mit Besuchern Radtouren über die Insel. Er kennt jeden Winkel von Jersey, er ist hier geboren, seine Großeltern kamen Anfang des 20. Jahrhunderts aus Frankreich herüber. Lamy ist zweiundfünfzig, er hat eine Glatze und einen Ziegenbart, aber er sieht jünger aus.

»La Hougue Bie wurde fünfhundert, vielleicht auch tausend Jahre benutzt«, sagt er. »Dann, etwa 3000 vor Christus, wurde das Grab – wie alle Ganggräber auf den Kanalinseln – verlassen und versiegelt. Den Grund kennt niemand. Jedenfalls muss die Gesellschaft damals einen starken Wandel durchgemacht haben.« Es dauerte bis zum 12. Jahrhundert, bis sich in La Hougue Bie wieder etwas tat. Einer der Lords von Hambye ließ oben auf dem Hügel die Kapelle Notre Dame de la Clarté errichten. 1520 kam östlich davon eine zweite Kapelle hinzu, die Jerusalem-Kapelle. Ein Dekan Mabon ließ sie bauen, nachdem er von einer Pilgerfahrt nach Jerusalem zurückgekehrt war. Um den Bau zu finanzieren, gaukelte er den Leuten mit allerlei Tricks Wunder vor und löste dadurch eine Art Massentourismus aus.

»Das dunkelste Kapitel in der Geschichte von Jersey hat seine Spuren auf der rechten Seite des Hügels hinterlassen«, sagt Lamy. Dort, gegenüber des Eingangs zum neolithischen Grab, befindet sich ein weiterer Eingang. »Er führt in einen Bunker tief unter dem Hügel«, sagt Lamy. »Die Deutschen haben ihn während der Besatzungszeit gebaut.« Die Kanalinseln – neben Jersey sind das Guernsey, Alderney, Herm, Sark und ein paar noch kleinere Inseln – waren der einzige Teil Großbritanniens, der von den Nazis während des Zweiten Weltkriegs besetzt wurde. Ihre Spuren finden sich auf ganz Jersey. An der Küste stehen zahlreiche Bunker, manche werden heute als Fischgeschäfte benutzt.

Einen viel aufwendigeren Bau haben die Deutschen im Tal von St. Lawrence unterirdisch angelegt. Er besteht aus scheinbar endlosen Gängen, von denen Dutzende Räume abzweigen. Ursprünglich sollte es eine Kaserne für die Artillerie werden, doch als die Alliierten 1944 in der Normandie landeten, mussten Sklavenarbeiter die Anlage zu einem Krankenhaus umbauen, weil die Nazis mit einem Angriff auf die Kanalinsel rechneten. Der kam jedoch nicht. Erst am 9. Mai 1945 landeten britische Soldaten auf Jersey und nahmen sich die Insel kampflos zurück.

Die Besatzungszeit ist ein sensibles Thema auf

Jersey. Achttausend Bewohner wurden in dieser Zeit evakuiert, tausendzweihundert kamen nach Deutschland in Konzentrationslager, viele Sklavenarbeiter kamen beim Bau der unterirdischen Anlage ums Leben und wurden an Ort und Stelle verscharrt. Aber die Kollaboration mit den Besatzern war viel weiter verbreitet, als es die Inselbewohner heute wahrhaben wollen. Die Dokumente aus der damaligen Zeit sind noch immer unter Verschluss, niemand redet gerne darüber.

Umso mehr spricht man von einem Ereignis, das bereits gut achthundert Jahre zurückliegt: »1204, nach dem Niedergang von Rouen, hatte Jersey die Wahl zwischen John, König von England und Herzog der Normandie, sowie Philippe Auguste von Frankreich«, erzählt Lamy. »Die Kanalinseln entschieden sich für England.« Dabei liegen sie im Golf von St. Malo, nur gut zwanzig Kilometer vor Frankreich. Zur englischen Südküste sind es hundertsechzig Kilometer. Das Jubiläum ihrer Zugehörigkeit zur britischen Krone haben die Bewohner 2004 ausgiebig mit Vorträgen, Schauspielen, Konzerten und Ausstellungen gefeiert.

Dem Vereinigten Königreich oder der Europäischen Union gehören sie jedoch nicht an. Die inneren Angelegenheiten erledigt das Inselparlament, die »States of Jersey«. Es erlässt die Gesetze, zum Beispiel gegen das »illegale Ausleihen« von Autos. »Wegen Autodiebstahl wird niemand angeklagt«, sagt Lamy, »denn mit einem geklauten Wagen kommt man nicht von der Insel hinunter.« Ein anderes Gesetz aus dem 16. Jahrhundert untersagte es Männern zu stricken, weil sie sonst die Ernte vernachlässigten. Das Gesetz gilt heute noch für die Monate August und September.

Arbeitslosengeld und Sozialhilfe sind in der Gesetzgebung hingegen nicht vorgesehen. Bedürftige müssen zu ihrem Gemeinderat gehen und ihren Fall vortragen. »Der Rat schickt dann jemanden vorbei, der sich zunächst anschaut, was der Antragsteller verkaufen kann, bevor er finanzielle Hilfe bekommt«, sagt Lamy. Man will unter sich bleiben. Die Insel sei zu klein für Einwanderung, heißt es. Dabei hat sie einem US-Staat den Namen gegeben.

Auf Jersey leben rund siebenhundertsiebzig Einwohner auf jedem Quadratkilometer. Es ist die größte Kanalinsel, aber sie ist auch nur hundertsechzehn Quadratkilometer groß. Bei Ebbe kommen noch mal dreißig Quadratkilometer hinzu – der zweitgrößte Tidenhub der Welt. Man kann die Hummer, die von der rasanten Ebbe überrascht wurden, einfach auf dem Watt einsammeln.

Die Insel wächst aber auch, weil man sich das Land vom Meer zurückholt: Der Müll wird aufgeschüttet. Liberation Square, den Platz der Befreiung in der Hauptstadt St. Helier, an dem das Fremdenverkehrsamt liegt, gab es früher nicht. Die Stadt ist sehr englisch, die Geschäfte in der Fußgängerzone sind Zweigstellen englischer Ladenketten. Doch die Straßennamen sind überwiegend französisch, wenn sie auch von den Einwohnern englisch ausgesprochen werden. Das Jèrriais, die normannisch-französische Inselsprache, ist fast ausgestorben. Englische Lehrer, die vor hundert Jahren kamen, verboten den Kindern, sie zu sprechen.

In St. Helier lebt die Hälfte aller Einwohner, auch Victor Hugo wohnte hier. Er kam 1852 nach Jersey, weil er aus politischen Gründen aus Frankreich flüchten musste. Er kaufte für sich und seine Familie ein Haus in der Marine Terrace, weil es nicht weit zum Strand war. Dort saß er oft auf dem Felsen Rocher des Proscrits und schaute nach Süden, nach Frankreich. Heute ist an dem Felsen eine Gedenkplakette angebracht. »Sie ist Frankreich für uns«, schrieb Hugo in seinem Gedicht »Jersey«, »und in ihrem Blumenbeet ist sie sowohl Lächeln als manchmal auch Tränen.« Hugo blieb nicht lange auf Jersey, ein Jahr nach seiner Ankunft musste er schon wieder fliehen. Einer der französischen Flüchtlinge hatte einen Schmähbrief gegen die englische Königin veröffentlicht, und Hugo hatte sich mit dem Autor solidarisch erklärt.

Königin Victoria hatte einige Male Urlaub auf Jersey gemacht, wie später auch Karl Marx. Berühmt wurde Jersey aber durch die Fernsehserie »Bergerac«, in der der gleichnamige Detektiv in den achtziger Jahren mit seinem Auto über die Insel brauste. »Jersey verfügt über ein Straßennetz von neunhundert Kilometern«, sagt Arthur Lamy. »Es gibt achtundsiebzigtausend Autos – das ist fast eines für jeden Einwohner.« Fünfundsechzig Kilometer Straße sind *green lanes*, auf denen Fußgänger und Radfahrer Vorrang haben. Autos dürfen nur Schritttempo fahren.

»Königin Elisabeth ist als Herzogin der Normandie Landesherrin, sie kam 1989 nach Jersey«, erzählt Lamy. »Sie wurde von ihrem Statthalter, dem Lieutenant Governor, zwei Stunden kreuz und quer über die green lanes kutschiert. Um sicher zu gehen, dass für die Queen unterwegs eine standesgemäße Toilette bereitstand, ließ man einen Abstellraum in einem Bauernhaus für fünfundzwanzigtausend Pfund umbauen. »Die Queen hat sie nicht benutzt«, sagt Lamy. »Sie hat eine stärkere Blase, als wir angenommen hatten.«

Welcher Teil der Insel ihr am besten gefallen hat, ist nicht überliefert. Im Norden ist Jersey jedenfalls französisch, man könnte meinen, man sei in der Normandie. Die Landschaft ist ein wenig hügelig, alles ist grün, bis auf die Bauernhäuser aus rotem Granit sowie die braunen Jersey-Rinder. Ihre Zucht begann 1789, seitdem wacht ein Reinheitsgebot über die Rasse. Genauso bekannt als Exportschlager wie die Kühe sind die Pullover. Der Name »Jersey« steht inzwischen für Strickwaren aller Art.

Aber das Geld verdient die Insel nicht mit Kühen oder Pullovern, sondern mit Geld. Die Kanalinseln sind ein Steuerparadies. Es gibt keine Erbschaftssteuer, keine Umsatz- oder Kapitalertragssteuer. Die Unternehmen, die eine Pauschalabgabe von dreihundert Pfund im Jahr zahlen, nutzen das. Die knapp vierzigtausend Gesellschaften auf Jersey und Guernsey erwirtschaften fast die Hälfte des Bruttosozialprodukts. Der Europäischen Union ist das ein Dorn im Auge, sie wittert »Verschleierung von Gewinn aus kriminellen Unternehmungen«. Aber selbst die Queen lässt weite Teile ihrer Kunstsammlungen von Jersey aus verwalten und spart dadurch Steuern. Die Einheimischen zahlen zwanzig Prozent Einkommenssteuer.

Aber es ist nicht leicht, Einheimischer zu werden. Man muss siebzehn Jahre auf Jersey gewohnt haben, bevor man ein Haus kaufen darf – es sei denn, man hat drei Millionen Pfund auf der Bank. »So viel kostet die Eintrittskarte nach Jersey«, sagt Arthur Lamy. »Aber es lohnt sich. Wo sonst findet man diese Kombination aus englischer Höflichkeit und französischer Küche? Es wäre furchtbar, wenn es umgekehrt wäre.«

Wenn Agenturen für Gott werben – die Kirchen in London

England

Eigentlich hat sie in dieser Jahreszeit Hochkonjunktur. Doch die Kirche St. Martin's am Londoner Ludgate Hill ist gähnend leer. Nur im lang gestreckten Vorraum, der das Kirchenschiff vom Verkehrslärm der *city* abschirmen soll, sitzt ein junger Mann und verkauft Weihnachtskarten und Gebäck. Hinter den verzierten Holztüren, die zwischen drei dicken Torbogen ins Innere führen, stehen mehrere Pappkartons mit alten Büchern. Daneben auf einem Stuhl eine blecherne Sammelbüchse, in die man das Geld hineinwerfen soll, wenn man sich ein Buch genommen hat.

Links an der Wand liegen ein paar neue Broschüren über die Geschichte verschiedener Londoner Kirchen. Von John Betjemans Sammelband »City of London Churches«, der zwei Pfund kostet, ist jedoch nur der Umschlag da. Wer sich dafür interessiert, muss den jungen Mann im Vorraum fragen. Man traut den Besuchern offenbar nicht so recht.

Nach einer Weile kommen zwei weißhaarige Frauen in die Kirche und setzen sich auf zwei hintereinanderliegende Bänke. Die vordere dreht sich halb um und legt ihren Arm auf die Rückenlehne. Dann erzählt sie laut von ihren Weihnachtseinkäufen. Als sie mich sieht, steht sie auf und kommt herüber. Ob sie mir die Kirche zeigen dürfe, fragt sie. Sie ist Ende sechzig, klein und sehr schlank. Ihren gefütterten Anorak hat sie bis zum Hals zugeknöpft, es ist kalt hier.

Sie heißt Lylie Faulks und ist Mitglied im Kirchenrat, erzählt sie, während sie mich herumführt. Das Kirchenschiff ist fast quadratisch. Auf dem Weihwasserbecken befindet sich eine Inschrift in Altgriechisch. »Reinige nicht nur mein Gesicht, sondern reinige mich auch von meinen Sünden«, übersetzt Faulks. Dann zeigt sie auf den riesigen Kronleuchter und erklärt, dass er im Jahr 1760 von den Westindischen Inseln nach London gebracht wurde. »Der Gründer des US-Staates Pennsylvania hat 1642 in dieser Kirche geheiratet«, sagt sie, »und Anfang des 17. Jahrhunderts hat der Engländer John Rolfe hier seine amerikanische Prinzessin Pocahontas geheiratet.«

Damals war es freilich eine andere Kirche. Zum ersten Mal wurde St. Martin's 1174 erwähnt. Im Mittelalter gab es siebenundneunzig Kirchen innerhalb der Londoner Stadtmauern, wo heute das Finanzzentrum liegt. Bei der großen Feuersbrunst, die 1666 mehr als dreizehntausend Häuser zerstörte, gingen auch die meisten Kirchen in Flammen auf. Charles II. beauftragte den Mathematiker und Astronomen Christopher Wren mit dem Wiederaufbau der Gotteshäuser. Heute stehen auf den knapp drei Quadratkilometern der *city* noch siebenunddreißig anglikanische Kirchen. Die achtunddreißigste, St. Ethelburga, wurde 1993 bei dem IRA-Bombenanschlag auf das Londoner Finanzzentrum zerstört.

»Die Kirchen in der city haben kein Geld, weil sie keine Gemeinden haben«, sagt Lylie Faulks. Seit dem wirtschaftlichen Aufschwung Londons Mitte des vergangenen Jahrhunderts stiegen die Grundstückspreise in der *city* drastisch an. Bürogebäude verdrängten die Wohnhäuser, und heute leben nur noch sechstausend Menschen in der *city*.

»Bei uns findet lediglich einmal in der Woche ein Gottesdienst statt«, sagt Faulks. »So viele Kirchen sind in der Vergangenheit in Restaurants, Kneipen oder Konzerthallen umgewandelt worden. Der Templeman-Ausschuss hat voriges Jahr vorgeschlagen, vierundzwanzig weitere Kirchen zu verkaufen oder dichtzumachen.« Da hat er die Rechnung jedoch ohne Menschen wie Lylie Faulks gemacht. »Es gab einen Riesenaufschrei«, sagt sie, »und der Bischof von London hat sich die Sache wieder überlegt.«

Für den Erhalt der Kirchen mussten seit 1981 umgerechnet rund fünfzehn Millionen Euro aufgewendet werden. Jetzt will man die Gebäude für Touristen attraktiver machen, damit Geld in die Klingelbeutel kommt. In einem Bericht, der von der Londoner Erzdiözese, der Stadtverwaltung und dem Kulturamt gemeinsam in Auftrag gegeben wurde, heißt es, dass sich eine Stiftung um diese Aufgabe kümmern soll. »Die Kirchen bleiben als religiöse Orte bestehen«, verspricht Jocelyn Stevens vom Kulturamt, »wir wollen darüber hinaus die in den letzten Jahrzehnten geschlossenen Kirchen wiedereröffnen.« Ob die Touristen allerdings solch große Summen abliefern, die dafür nötig wären, ist mehr als fraglich.

Lylie Faulks zeigt den Ludgate Hill hinauf und sagt: »Wir sind besser dran als andere. Unsere Kirche liegt gleich neben der Kathedrale von St. Paul, zusammen mit dem Tower die größte Touristenattraktion in der city. Das wollen wir ausnutzen.« Wren hat die Kirchturmspitze von St. Martin's so konstruiert, dass sie, von Osten betrachtet, auf die Kuppel der Kathedrale zeigt. »Früher überragten die Kirchtürme die ganze Stadt«, bedauert Faulks, »heute sind es die Geschäftshochhäuser. Vielleicht findet deshalb niemand mehr den Weg in die Gotteshäuser.«

Viele von ihnen liegen ganz versteckt in Seitenstraßen – zum Beispiel St. Bride's im alten Zeitungsviertel. Die Kirche liegt abseits der Hauptstraße an einem kleinen, dicht umbauten Platz. Aufgrund ihrer Vergangenheit würde sich St. Bride's als Fremdenverkehrsobjekt geradezu anbieten. Kaum ein Ereignis in der englischen Geschichte, das sich nicht irgendwie in dieser Kirche niedergeschlagen hätte. Römer, Kelten, Angeln, Sachsen und Normannen trieben sich hier herum und bauten ihre Kirchen jeweils auf den Trümmern der älteren Gebäude. Der sechste Kirchenbau wurde bei der Feuersbrunst 1666 vernichtet, auf Wrens restauriertes siebtes Gebäude fiel 1940 eine Nazi-Bombe.

Als man sich siebzehn Jahre nach dem Krieg daranmachte, die achte Kirche zu errichten, stieß man unter den Trümmern zufällig auf die Krypten und einen römischen Bürgersteig aus dem 2. Jahrhundert. Ein Glücksfall für die Vermarktung der Kirche, handelt es sich dabei doch um eines der frühesten Zeugnisse römischer Kultur in London. So hat Kanon John Oates eine Hochglanzbroschüre drucken lassen, in der die Geschichte der Kirche nachgezeichnet wird.

Darin heißt es, dass St. Bride's eine wichtige Rolle bei der US-amerikanischen Unabhängigkeitserklärung spielte. 1764 hatte nämlich ein Blitz den Kirchturm um drei Meter gekappt. George III., der eine Wiederholung des Unglücks verhindern wollte, fragte Benjamin Franklin um Rat. Die beiden zerstritten sich über der Frage, ob der Blitzableiter am oberen Ende spitz oder stumpf sein sollte. Auf der Tafel am Portal der Kirche ist jedoch ein anderes US-amerikanisches Ereignis vermerkt: Dort steht, dass die Eltern von Virginia Dare in dieser Kirche geheiratet haben. Virginia war 1575 das erste weiße Kind, das in Amerika geboren wurde.

Neben dem Hauptportal führt eine schmale Gasse zur Fleet Street. Das kleine Hinweisschild der Kirche fällt angesichts der Geschäftigkeit der Hauptstraße kaum auf. In dem Untersuchungsbericht der Diözese wird denn auch bemängelt, dass die Kirchen nicht genügend ausgeschildert und die Öffnungszeiten nicht deutlich angezeigt seien. Manch ein Gemeindepfarrer hat inzwischen eingesehen, dass er ohne Werbung auf seiner Dienstleistung sitzen bleibt. »Wie verkauft man die Ewigkeit?«, sinnierte ein Bischof noch vor ein paar Jahren. Wie ein Waschmittel, lautet heutzutage die Antwort.

Vor zahlreichen Kirchen findet man nun knallbunte Reklametafeln – manche mit ernst gemeinter Botschaft wie »Gott ist für das ganze Leben, nicht nur für Weihnachten«; manche kindlich, wie der Cartoon von den weißen Schäfchen auf grüner Wiese mit dem Spruch: »Lass den Herrn dein Hirte sein!«; andere albern, wie der Scheck der »Himmlischen Bank«, der dem Empfänger, einem gewissen »E.I.N. Gläubiger«, eine kostenlose »Reise in den Himmel« garantiert; und wieder andere ungewollt selbstironisch: »Entgeht dem Weihnachtsgedränge – kommt in die Kirche!«

Damit in den Kirchen wenigstens in den Weihnachtstagen auch ein bisschen Gedränge herrscht, hat man Profis angeheuert. Die berühmte Werbeagentur Saatchi and Saatchi hat eine Anzeige entworfen, in der auf blauem Grund ein typischer Weihnachtstag beschrieben wird: »Truthahn. Geschenke. Fernsehen. Baum. Pudding. Glühwein. Mehr Truthahn.« Und so weiter. Dazwischen eine gelbe Box: »Mach zu Weihnachten Platz für Gott!«

Von solcher Reklame hält Lylie Faulks nichts. »Hier in der city wohnt ja niemand mehr, den man hereinlocken könnte«, sagt sie, »und auf Touristen würde das eher abschreckend wirken. Nein, Reklame lohnt sich nur in Wohnvierteln.« Sie zerrt ein Faltblatt über die Geschichte der Kirche aus ihrer Handtasche. Trotzig heißt es darin: »Diese Kirche blüht und wird uns alle mit Sicherheit bis weit über das zweite Jahrtausend hinaus überleben.«

Die Hure unter den Eisenbahnen – Londons U-Bahn

England

Als sich die Tür schließt, springt noch einer auf und bleibt mit seiner Aktentasche hängen. Die Tür geht knarrend auf und schließt sich wieder. Ruckelnd setzt sich die U-Bahn in Bewegung. Es ist acht Uhr morgens. Wir sind am Bahnhof Elephant & Castle eingestiegen, der Endstation der Bakerloo Line im Süden Londons. Auf dem Fahrplan ist sie braun markiert, das weiß man, wenn man täglich U-Bahn fährt.

John Wolff fährt täglich U-Bahn, wenn auch nicht die ganze Bakerloo-Linie. Er arbeitet als Programmierer in einer kleinen Computerfirma in Marylebone am Nordrand der *city*. John ist Anfang fünfzig, er ist mit Jeans und Windjacke bekleidet, weil er heute nicht zur Arbeit muss. Statt dessen erklärt er mir die *Tube*, wie die Londoner ihre Untergrundbahn liebevoll nennen. Er beschäftigt sich seit dreißig Jahren damit, er ist nicht bloß Passagier, sondern Experte.

Elephant & Castle ist ein riesiger Kreisverkehr. Wer von einer Seite auf die andere möchte, muss durch einen Tunnel, damit der Autoverkehr nicht gestört wird. Die Gegend ist ein wenig schäbig, der Imbiss neben dem U-Bahn-Eingang ist geschlossen, ein Plakat am Zeitungskiosk verspricht »ein kostenloses Sandwich für jeden Leser des Evening Standard«. Im Eingang des Bahnhofs zeigt ein Wandmosaik den Platz um das Jahr 1912. Damals sah er mit seinen alten Gebäuden und der Straßenbahn recht stattlich aus. Neben dem Mosaik warnt ein Schild, dass es hundertvierundzwanzig Stufen bis zum Bahnsteig seien. Wir nehmen den Lift. Unten wartet die rot-weiße Bahn.

Unser Waggon ist fast leer, bis auf den Mann mit der Aktentasche, der noch außer Atem ist, und ein schwarzes Ehepaar mit drei kleinen Kindern, das uns gegenüber sitzt. Am anderen Ende des Waggons steht ein Jamaikaner und schimpft lauthals vor sich hin, aber man versteht nicht, worüber er sich ärgert. In Lambeth North steigt niemand ein oder aus. Doch die nächste Station ist Waterloo.

»Jetzt kommen die höheren Bankangestellten, die Börsenmakler und die Politiker«, sagt John, »Leute, aus denen etwas geworden ist. In der Tube gibt es keine Klassengesellschaft, dafür hat der Straßenverkehr gesorgt. Wer es sich leisten kann, wohnt in den Vororten, in Surrey, und fährt mit dem Vorortzug nach Waterloo, wo er in die U-Bahn umsteigt. Außerdem ist Waterloo auch der Eurostar-Bahnhof für die Züge aus Frankreich, und so mancher Bankier hat sich ein Haus in der Normandie gekauft und fährt mit dem Eurostar zur Arbeit. Es dauert nicht länger als mit dem Auto von einem Ende Londons zum anderen.«

Unter dem Eurostar-Terminal ereignete sich vor vielen Jahren ein bizarrer Unfall. Eine Lokomotive stürzte einen Fahrstuhlschacht hinab. Weil die Waterloo & City Line über keine sacht abfallende Zufahrt verfügte, mussten neue Züge mit einem riesigen Fahrstuhl, jeder Waggon einzeln, nach unten geschafft werden. Dabei ist eine Lokomotive über das Ziel hinausgeschossen. Sie wurde mit mehreren Kränen wieder heraufgezogen.

Inzwischen herrscht Berufsverkehr, Männer in Nadelstreifanzügen zwängen sich in den Waggon. Einer trägt einen *bowler hat* und einen Stockschirm, unter dem Arm hat er die *Financial Times*. Ob er vom Fremdenverkehrsamt bezahlt wird? Es riecht nach Rasierwasser. »Die letzte U-Bahn heute Abend riecht nach Curry und Tikka Massala«, behauptet John. »Das Publikum auf der Bakerloo Line wechselt nicht nur stündlich, sondern auch alle paar Stationen.«

In Charing Cross und Piccadilly Circus steigen die meisten Nadelstreifanzugträger aus. Nach Charing Cross verlassen wir die Northern Line, die seit Waterloo parallel zur Bakerloo Line verlief. »Die Northern Line ist die älteste unterirdische Bahnstrecke der Welt, 1890 wurde sie in Betrieb genommen«, sagt John. »Außerdem ist sie heute noch das längste komplett unterirdische Teilstück, achtundzwanzig Kilometer. Ein Viertel aller Selbstmorde geschehen auf diesem Stück.«

Die Linie ist im Lauf der gut hundert Jahre ziemlich herabgewirtschaftet worden und benötigt dringend viele Millionen Pfund, um sie wieder auf Vordermann zu bringen – wie eigentlich fast das gesamte U-Bahn-Netz. Doch der Plan des damaligen Premierministers Tony Blair, Privatinvestoren für das Sechzehn-Milliarden-Pfund-Projekt heranzuziehen, ist vorerst auf Eis gelegt, weil Ken Livingstone, als er noch Bürgermeister von London war, dagegen geklagt hat.

Keith Lowe, der ein Buch über eine Wette geschrieben hat, sämtliche zweihundertfünfundsechzig U-Bahn-Stationen Londons an einem Tag abzufahren, behauptet, er erkenne die Northern Line am Geruch. »Wenn die U-Bahnen die Huren unter den

Eisenbahnen sind, dann ist die Northern Line die heruntergekommenste, verlebteste, ausgezehrteste dieser Stadt«, schreibt er.

Am Piccadilly Circus kommen die Touristen. Es sind vor allem Japaner, die schon so früh auf den Beinen sind. Europa in fünf Tagen, da muss man sich sputen. An der nächsten Station, Oxford Circus, steigen sie wieder aus. Oxford Street ist die vornehmste Einkaufsmeile der englischen Hauptstadt, obwohl es zwischen den exklusiven Boutiquen und Kaufhäusern eine ganze Reihe von billigen Elektroläden gibt. Der Bahnhof mit seinen grünen Mosaiken ist eher schlicht.

Am Regent's Park leert sich die Bahn, die meisten sind um diese Zeit in umgekehrter Richtung in die *city* unterwegs. Langsam rollt der Zug durch den Bahnhof, die Wände sind mit der Mosaik-Silhouette von Sherlock Holmes und seiner typischen Mütze und Pfeife geschmückt. Der berühmte Detektiv hat oben, nicht weit vom Bahnhof, eine Weile gewohnt, so steht es in den Büchern von Arthur Conan Doyle. Das Haus, das er beschrieben hat, ist heute ein Museum.

1906, als die Bakerloo Line eröffnet wurde, war hier Endstation. Woher kommt der Name für diese Linie? »Früher hieß sie Baker Street and Waterloo Line«, erklärt John Wolff. »Das hat man dann zusammengezogen.« In den Kindertagen der U-Bahn konnte man morgens eine U-Bahn mit einem exklusiven Speisewagen in der Station Baker Street beobachten. Männer im Frack, die aus dem damals vornehmen Northwood in die Innenstadt zur Arbeit fuhren, bekamen ihr Frühstück auf weißen Tischtüchern mit Silberbesteck serviert.

Im Zweiten Weltkrieg war der Service weniger

vornehm. Die U-Bahn diente als Bunker, zuerst nur die stillgelegten Strecken, später auch andere. »Die Züge versorgten die Schutzsuchenden die ganze Nacht lang mit Lebensmitteln«, sagt John, »und zu Weihnachten hatten sie Spielzeug für die Kinder an Bord.« Auf der Northern Line, zum Beispiel am Belsize Park, baute man damals Ersatztunnel, die unter der heutigen Strecke verlaufen.

Scott Thompson, ein Fotograf aus Hammersmith, ist sämtliche Londoner U-Bahn-Strecken abgelaufen – allerdings überirdisch. Dazu benutzte er ein Hörrohr, mit dessen Hilfe er den Streckenverlauf verfolgte. Er hat Ken Livingstone vorgeschlagen, die U-Bahn-Linien auf der Straße nachzuzeichnen, und zwar in der jeweiligen Farbe, den die Linie auf dem Fahrplan hat. »So könnten die Menschen die nächstgelegene Station leichter finden«, sagt er, »und außerdem würde es die Straßen verschönern, wie zum Beispiel Baker Street, wo die verschiedenen Linien kreuz und quer über die Straßen verlaufen würden.«

Nach Baker Street hält der Zug auch in der Edgware Road wegen »technischer Probleme« nicht. Die Passagiere, die eigentlich aussteigen wollten, nehmen es gelassen zur Kenntnis, verlassen den Zug in der Warwick Road und laufen zurück. Kurz vor der Station Queen's Park kommt die U-Bahn ans Tageslicht – für die Passagiere eine willkommene Abwechslung, denn sie vermeiden stets sorgfältig den Blickkontakt. Die einen haben bisher die Werbung über den Fenstern studiert, die anderen haben Zeitung gelesen.

Wer sich nicht für Werbung interessiert und die Zeitung vergessen hat, kann sich an Gedichten erfreuen. »Poems on the Underground«, so heißt das

Programm, das die Verkehrsbetriebe schon in den achtziger Jahren ins Leben gerufen haben. Nur selten noch hängen die Gedichte in den Waggons, aber jemand hat ein winziges Heftchen, so groß wie zwei Streichholzschachteln, gedruckt von den Verkehrsbetrieben, auf dem Sitz liegen gelassen. »12 years old in 1992« heißt das vierseitige Gedicht eines nicht genannten Poeten. »Mein Name ist nicht wichtig, ich bin ein Junge aus einem Land, das gerade einen Krieg hatte, den ich nicht verstand«, beginnt es. Ein Anti-Kriegsgedicht. Wenn die Regierung das wüsste.

Die Vorortlandschaft mit ihren braunen Reihenhäusern ist eher langweilig. Um mich zu unterhalten, erzählt John, dass der Immobilienmakler Richard Guthrie einen Wettlauf mit der U-Bahn ins Leben gerufen habe. »Jeden zweiten Montag im April steigt er mit ein paar Freunden im Bahnhof Victoria in den Zug in Richtung Wimbledon ein. Alle sind mit Smoking und Hosenträgern bekleidet. In South Kensington steigen sie aus und sprinten die Fulham Road hinunter, um in Fulham Broadway – vier Stationen und zweieinhalb Kilometer weiter – wieder in denselben Zug zu steigen. Das schaffen nur wenige, es sei denn, der Zug bleibt unterwegs stehen.«

Die Chancen dafür stehen gar nicht schlecht. Unsere Bahn hält auf offener Strecke zwischen Stonebridge Park und Wembley Central. Durch das schnarrende Lautsprechersystem entschuldigt sich der Zugführer für den außerplanmäßigen Aufenthalt und verspricht, dass es bald weitergeht. »Wahrscheinlich hat sich mal wieder einer vor den Zug geworfen«, mutmaßt John. »Das passiert alle Nase lang, aber sie berichten nicht darüber, weil sie Angst haben, dass noch mehr Leute auf diese Idee kommen könnten.«

In Harrow and Wealdstone ist unsere Reise nach vierzehn Meilen und fünfundzwanzig Stationen zu Ende. Für Harrow muss man den linken Ausgang nehmen, nach Wealdstone geht es über eine Treppe – der Behindertenfahrstuhl ist außer Betrieb – nach rechts. Hierher verirrt sich kein Tourist. Auf der kurzen Hauptstraße gibt es einen Halal-Imbiss, ein paar orientalische Restaurants und mehrere Gebrauchtwarenläden. Die Straßen sind leer, obwohl es inzwischen nach neun Uhr ist. »Wir haben für die gesamte Strecke nur gut eine Stunde gebraucht«, sagt John, »und ohne den Zwangsaufenthalt wären wir noch schneller gewesen. Mit dem Auto hättest du dafür mehr als doppelt so lange gebraucht. Ist die Tube nicht großartig?« Ja, das ist sie. Aber was will ich in Wealdstone?

Im Jammertal – Merthyr Tydfil

Wales

Jeder zweite Laden ist ein *discount store*. Bei manchen sind ein paar Buchstaben heruntergefallen, aber die Einheimischen wissen, was gemeint ist. Selbst die etablierten Supermarktketten bieten fast nur Sonderangebote an. Auf dem Markt in der Fußgängerzone verkaufen die Händler Krimskrams für wenig Geld – Rucksäcke für umgerechnet fünf Euro siebzig, Regenschirme für eins sechzig. Dabei ist der Schlussverkauf längst vorbei.

In Merthyr Tydfil in Südwales ist immer Ramschverkauf. »Die Leute haben kein Geld«, sagt Elisha, deren Großeltern in den fünfziger Jahren aus Griechenland eingewandert sind, weil es Arbeit in den Bergwerken gab. »Eine Boutique wäre hier nach einer Woche pleite, die Menschen können sich ja kaum das Notwendigste leisten.« Elisha will weg aus Merthyr Tydfil, zwei Jahre will sie höchstens noch in dem kleinen Laden arbeiten, der mit Wasch pulver und Seifenartikeln vollgestopft ist. »Dann bin ich fünfundzwanzig«, sagt sie, »und wenn ich bis dahin den Absprung nicht geschafft habe, komme ich vielleicht nie mehr weg. Diese Stadt macht krank.«

Merthyr Tydfil, eine Stadt mit vierzigtausend Einwohnern, hat den höchsten Krankenstand in Großbritannien, ein Viertel der erwachsenen Bevölkerung bekommt Krankengeld oder Invalidenrente. Die Armut ist der wichtigste Faktor, der zu dem enormen Krankenstand beiträgt. Die Menschen haben nicht genug Geld für eine gesunde Ernährung. Und dann die Folgen der industriellen Vergangenheit und der Umweltverschmutzung: Vor allem Herzkrankheiten und Probleme mit den Atemwegen machen den Leuten zu schaffen. »Hinzu kommen die sogenannten administrativen Krankheiten«, sagt Huw Lewis. »Die Arbeitsämter ermutigen ältere Arbeitslose, sich arbeitsunfähig schreiben zu lassen, weil sie mehr Geld bekommen, als wenn sie Sozialhilfe beziehen. Vermittelbar sind sie ohnehin nicht mehr.«

Der siebenunddreißigjährige Lewis wurde 1999 für die Labour Party ins walisische Regionalparlament gewählt. Er hält Sprechstunde in seinem karg eingerichteten Büro am Rande der Innenstadt. Lewis trägt ein weißes Hemd und eine rote Krawatte, wie sich das für einen Politiker der Labour Party gehört. Eine Zeit lang war Lewis Bildungsminister der Regionalregierung von Wales, aber aus Protest gegen die Tiermassengräber in Merthyr, die im Zuge der Maul- und Klauenseuche mit mehr als dreihunderttausend Tieren gefüllt werden sollten, trat er zurück. »Junge Leute und Frauen finden am ehesten Arbeit«, sagt er, »meist in einem Callcenter oder in kleineren Firmen. Aber wer über fünfzig ist und sein Leben im Bergwerk gearbeitet hat, findet keine Anstellung mehr.«

Das Wisconsin-Modell, benannt nach dem US-Staat, der keine Sozialhilfe ohne Gegenleistung auszahlt, ist zwar unter dem Schlagwort »New Deal« auf Großbritannien übertragen worden, aber es wird vor allem auf junge Leute angewendet. »Für die ist es härter«, sagt Lewis. »Wenn ihnen Arbeit oder ein Ausbildungsplatz zugewiesen wird, müssen sie ihn annehmen, sonst werden ihre Bezüge gestrichen.«

Wo aber sollen in Merthyr Tydfil die Jobs herkommen? Die Arbeitslosigkeit liegt bei fünfunddreißig Prozent, ein Drittel der erwachsenen Bevölkerung verfügt über keinerlei Ausbildung. zwölfeinhalb Prozent der bewohnten Häuser sind eigentlich unbewohnbar. Sieben Prozent aller Frauen werden schwanger, bevor sie achtzehn Jahre alt sind. Die Zahl der an Depression Erkrankten liegt um die Hälfte höher als der landesweite Durchschnitt.

Tiefpunkte hatte es auch früher gegeben. Im Zuge der weltweiten Rezession in den dreißiger Jahren mussten viele Fabriken und Bergwerke schließen. »Das Tal der gebrochenen Herzen liegt nördlich des Kohleflözes«, schrieb der Reiseschriftsteller Henry Vollam Morton damals. »Die Bergwerkstäler von Wales erstrecken sich nördlich von Cardiff wie die Finger einer Hand. Wenn schlechte Zeiten kommen, erlahmt die Hand von den Fingerspitzen abwärts. Es sind die nördlichsten Städte, die das raue Klima zuerst spüren.«

Die Arbeitslosigkeit in Merthyr Tydfil stieg auf sechzig Prozent. In einem Regierungsbericht schlug eine Kommission damals vor, die Stadt einfach zu schließen, die Einwohner umzusiedeln. Doch während des Zweiten Weltkriegs erholte sich die Gegend, die Alliierten benötigten Waffen und Munition. Merthyr Tydfil expandierte – nach oben. Auf den Hügeln hoch über der Stadt entstanden zwei Wohnsiedlungen.

So schlecht die Lebensbedingungen im Tal von Merthyr Tydfil auch sein mögen, auf den Hügeln sind sie noch schlechter. Die beiden Siedlungen Gurnos und Galon Uchaf sind die größten in

Wales, siebentausend Menschen leben hier. Die Straßen sind mit Glasscherben übersät. In Cherry Grove, einer Straße mit heruntergekommenen Reihenhäusern, ist Unkraut, das durch die Sprünge im Gehweg sprießt, das einzige Grün. »Sie nennen die Straße Heroin Grove«, sagt die neunzehnjährige Gabrielle. »Es war mal eine schöne Straße. Jetzt liegen die benutzten Spritzen herum. Heroin ist billiger als Alkohol.«

In den Tälern von Südwales ist die Zahl der Heroinabhängigen, manche erst dreizehn oder vierzehn Jahre alt, explosionsartig gestiegen, weit mehr als in jedem anderen Teil Großbritanniens. »Mit der Drogensucht ist auch die Kriminalität gestiegen«, sagt Gabrielle. »Aber das kümmert niemanden.« Vom Hügel aus blickt man auf die Berge der Brecon Beacons, eines Naturschutzgebietes, das am nördlichen Stadtrand von Merthyr beginnt und im Sommer Tausende Touristen anlockt.

»Aber Merthyr Tydfil profitiert nicht vom Tourismus«, sagt Stephen Carr, Chefredakteur der Lokalzeitung *Merthyr Express*. »Die Stadt hat ein Imageproblem. Sie gilt als depressiv und heruntergekommen.« Carr ist ein großer, schwergewichtiger Mann, der von seinem Schreibtisch in der hintersten Ecke des Großraumbüros die Produktion der Zeitung für den nächsten Tag überwacht. Als er vier war, wanderten seine Eltern von Swansea nach Australien aus. Mit sechzehn kam er zurück nach Wales, arbeitete bei verschiedenen Zeitungen und in einer Werbeagentur in England, bevor er 1999 den *Merthyr Express* übernahm.

Carr kennt sich mit Merthyr Tydfil inzwischen aus wie kein anderer. »Die Stadt war nicht immer so«, sagt er. »Im 17. Jahrhundert war sie das

Zentrum des Puritanismus. 1798 wurde der Kanal zwischen Merthyr und Cardiff eröffnet – mit vierzig Schleusen auf fünfunddreißig Kilometern. In Merthyr Tydfil fuhr 1804 die erste Dampflokomotive der Welt. 1841 nahm die Taff-Vale-Eisenbahn ihren Verkehr auf. Damals war Merthyr die größte Stadt in Wales.« Der Name der Stadt bedeutet »Märtyrerin Tydfil«, weil dort um 480 die Tochter des Prinzen von Brychaniog wegen ihres christlichen Glaubens von heidnischen Angelsachsen getötet wurde. Später sprach man sie heilig.

Die Gegend lebte über hundert Jahre von Stahl und Kohle. Es ist vermutlich der einzige Ort in Europa, wo Eisenerz, Kalkstein und Kohle zusammen vorkommen, ein idealer Standort für die Industrie. »In Merthyr hat die industrielle Revolution begonnen«, behauptet Carr.

Die Stadt hat den ersten sozialistischen Abgeordneten nach Westminster entsandt. »Keir Hardie, der Labour-Gründer aus Merthyr, war der erste Labour-Abgeordnete im Unterhaus«, sagt Lewis. »Nach dem Ersten Weltkrieg regierten abwechselnd die Liberalen und Labour, doch seit 1972 herrscht die Labour Party im Rathaus.«

Das alte Rathaus steht zum Verkauf. Der Stadtrat ist inzwischen in einem modernen Flachbau untergebracht. Die Pressesprecherin Sara van den Berg spricht nicht mit der Presse. Einmal habe sie es getan, sagt sie am Telefon, aber der Journalist habe nichts von den positiven Dingen geschrieben, die sich in Merthyr Tydfyl abspielten.

Das Positivste sei, dass der Abwärtstrend gestoppt werden konnte, meint Huw Lewis: »Aber aufwärts geht es noch lange nicht. In den fünfziger Jahren hatten wir Vollbeschäftigung. Die Gewerkschaften erkämpften gute Löhne, sodass Merthyr in den siebziger Jahren eine wohlhabende Stadt war. Nicht reich, aber wohlhabend. Dann kam Margaret Thatcher. Innerhalb weniger Jahre hat sie der Kohle- und Stahlindustrie den Garaus gemacht.«

Einige Kumpel gingen in andere Landesteile, wo es noch Bergwerke gab, bis auch die dichtmachten. Brian, ein kleiner, kräftiger Mann von Mitte fünfzig mit kurzen rotblonden Haaren, hatte mit sechzehn im Big Pit bei Blaenafon östlich von Merthyr angefangen. »Die Arbeitsbedingungen waren unbeschreiblich«, sagt er. »Ich musste den ganzen Tag auf dem Bauch in einem vierzig Zentimeter hohen Schacht liegen und mit der Spitzhacke die Kohle heraushauen. Die Sicherheitsvorkehrungen waren erbärmlich, es gab viele Unfälle. Ich habe Glück gehabt«, sagt Brian, »ich bin nie ernsthaft verletzt worden, obwohl ich einige Male verschüttet war. Und Glück hatte ich auch, nachdem die Gruben geschlossen wurden.«

Brian hat eine Anstellung als Touristenführer bekommen, er fährt mit den Gruppen tief hinunter in den Big Pit, der in ein Museum umgewandelt wurde, in dem den Besuchern ein Eindruck der Arbeitsbedingungen unter Tage vermittelt wird. »So angenehm mein neuer Job auch ist«, sagt er, »ich bin Kumpel, und wir waren die Aristokraten unter den Arbeitern.«

Das hatte Henry Vollam Morton schon in den dreißiger Jahren geschrieben: »Diese Bergwerkstäler wollen kein Mitleid und keine Almosen. Aber sie sind es wert, verstanden zu werden. Sie sind ausgesprochen freundlich, ihre Schönheit ist nicht die der Sonne oder des Mondes, sondern des Herzens.«

Die Hatz der hässlichen Tiere – Windhundrennen in Walthamstow

England

Plötzlich kommt Bewegung in die Meute. Das Vorderteil der Käfige ist hochgeschnellt, und die Hunde hetzen mit einem Affenzahn hinter dem Hasen her. Doch der zieht uneinholbar vor ihnen auf der Sandbahn seine Runde – er ist aus Kunststoff und läuft auf einer elektrischen Schiene. Das scheint den Hunden egal zu sein. Möglicherweise wird der falsche Hase vor dem Rennen mit Karnickelparfum eingerieben?

Jedenfalls laufen die sechs Windhunde, als ob es um das Mittagessen ginge. In der ersten Kurve führt das Tier im blauen Leibchen, doch dann wird es vom Schwarzgekleideten überholt. In der Zielgeraden schießt auf einmal der Gestreifte außen am Rudel vorbei und holt eine halbe Länge Vorsprung heraus.

Nach vierhundertsechzig Metern ist es vorbei, das Rennen hat keine dreißig Sekunden gedauert. Die Hunde merken das erst, als der Hasenwart einen schweren Kasten über das Kunststofftier stülpt. Zum Trost wirft er ihnen einen braunen Stoffhasen vor, der schon reichlich mitgenommen aussieht: Die Ohren sind abgebissen, die Pfoten mit weißen Klebestreifen bandagiert. Die Hunde zerren am Spielzeughasen, bis sie ihn wieder hergeben müssen, weil das nächste Rennen gleich beginnt.

Sophie zerreißt ihren Wettschein. Sie erörtert

mit ihren Freunden die Chancen für den nächsten Lauf. Meist setzt sie auf das Tier in Rot, denn Rot ist ihre Lieblingsfarbe. Frank prüft dagegen im Programmheft, wie die Hunde bei den letzten Rennen abgeschnitten haben. Catherine wettet immer auf den Favoriten. Und Tim hat einen Würfel dabei und setzt auf die Startnummer, die er geworfen hat. Keine der Methoden ist zuverlässig, *greyhounds* – nach Geparden sind sie die schnellsten Landtiere und bringen es auf sechzig Stundenkilometer – sind unberechenbar.

»Gewinnen ist nicht alles«, meint Sophie, »Hauptsache, es macht Spaß. Besser als im Pub ist es allemal, und Bier gibt's auch.« Hunderennen sind nicht mehr länger eine Domäne alter Männer mit Schiebermützen, Walthamstow ist zum Mekka für jüngere Spielernaturen geworden. Schon von Weitem leuchtet einem der grimmig dreinblickende *greyhound* hoch oben an der Fassade des Stadions entgegen. Es ist der einzige Farbfleck im tristen Nordosten Londons mit seinen kleinen Reihenhäuschen, Großparkplätzen und billigen Ladenzeilen. Das wuchtige Stadion ist die bedeutendste Hunderennbahn Europas.

Windhunde sind keine schöne Rasse. Die adlige Dichterin Juliana Berners beschrieb 1486 in ihrem »Buch von St. Alban« den Idealhund: »Von der Schlange die Wachsamkeit, vom Enterich den Hals, wie ein Holzstock der Rücken, vom Brassen die Flanke, von der Katze die Pfote, von der Ratte den Schwanz.« Und so sehen sie auch aus.

Vermutlich haben sich selbst Päpste inkognito zum Hunderennen geschlichen. Im Vatikan steht jedenfalls die Marmorstatue eines Windhundes. In Großbritannien laufen die Tiere seit 1926 um die

Wette. Das erste Rennen fand in Manchester statt, Walthamstow öffnete sechs Jahre später. Der Geschäftsmann William Chandler, der das gut fünf Hektar große Grundstück erworben hatte, heuerte die berühmtesten Architekten Großbritanniens an. Die Investition zahlte sich schnell aus, in den vierziger Jahren erlebten die Hunderennbahnen ihre Blütezeit. Zu großen Rennen kamen manchmal hunderttausend Menschen.

Dann kam das Fernsehen, die Zuschauerzahlen gingen zurück. Der Chandler-Clan, dem das Stadion immer noch gehört, musste sich etwas einfallen lassen. Man setzte auf Komfort und ein breites Unterhaltungsangebot. Die Tribünen wurden mit Schalensitzen bestückt und verglast, es gibt drei Restaurants und einen US-Schnellimbiss, wo man die Rennen auf dem Bildschirm verfolgen kann – mit Wiederholung in Zeitlupe, weil es ja so schnell geht. Für Jugendliche stehen Spielautomaten bereit, für die ganz Kleinen hat man in der Kurve einen Spielplatz mit Schaukel, Wippe und Klettergerüst angelegt. Nur noch die Fassade ist von 1932.

Aber Flipperautomaten und *roastbeef* sind Nebensache, wenn die Hunde zu den Startkäfigen gebracht werden. Dann stehen die Buchmacher im Brennpunkt – nicht mehr ganz junge Männer, die aussehen, als hätten sie nie etwas anderes getan, als mit wildfremden Menschen zu wetten. Sie haben am Rand der Rennbahn ihre Schiefertafeln aufgestellt. Vor jedem Rennen malen sie links in kunstvoller Schrift die Hundenamen auf, rechts kommen die Quoten hin.

Die *bookies* haben stets einen Lappen in der Hand, mit dem sie die Quoten blitzschnell abwischen können, falls es die Wettlage erfordert. Sie unterhalten sich dabei in einer Art Zeichensprache, die nur Buchmacher verstehen.

Der Kunde bekommt eine bunte Karte mit einer Nummer. Ein Gehilfe, meist der Sohn, notiert die Wette in einem großen Buch. So wird der Buchmachernachwuchs von klein auf ausgebildet. Das Kleingeld kommt in einen braunen Beutel mit Schnappverschluss, die Scheine stopft sich der *bookie* in die Hosentasche.

Wenn ein Kunde sein Geldbündel hinüberschiebt und seine Wette flüsternd platziert, um die Quoten nicht zu verderben, wähnt man sich in einem Mafiafilm. Doch es geht alles mit rechten Dingen zu. Drei Milliarden Euro nehmen die Buchmacher jedes Jahr beim Hunderennen ein.

Es gibt neununddreißig Rennbahnen in Großbritannien, vor sechzig Jahren waren es noch zweihundertfünfzig. Zwar ziehen die Windhunde in Großbritannien nach den Fußballern mehr Zuschauer an als alle anderen Sportler, doch für viele Stadien reichte das nicht. Immerhin leben aber noch zehntausend Menschen von dem Geschäft mit den schnellen Tieren, die Buchmacher nicht mitgerechnet. Nur für die Eigentümer ist es ein Zuschussgeschäft.

Windhundbesitzer sind Verrückte. Ein guter Hund, einer mit langem Stammbaum, kostet bis zu vierzigtausend Euro. Das sind allerdings Ausnahmen, die meisten sind billiger zu haben. Doch Monat für Monat müssen Hunderte von Euro für Unterbringung und Training aufgebracht werden. Ab dem Alter von fünfzehn Monaten können *greyhounds* an Rennen teilnehmen, mit dreieinhalb gehen sie in Rente. In der Zeit dazwischen holen nur die wenigsten die Kosten wieder herein. Das Preisgeld ist gering, bei größeren Rennen gibt es vielleicht hundertfünfzig Euro. Nur beim Derby geht es um fünfundsiebzigtausend Euro, aber die kann eben nur einer gewinnen. 1968 war es Prinz Philip, der Gemahl der Königin, mit seinem Hund Camira Flash.

Sam kann von solchen Summen nur träumen. Er ist Monteur, steht kurz vor der Pensionierung. Zu den Hunden geht er seit fünfzig Jahren. Das Stadion von Walthamstow mag sich verändert haben, Sams Gewohnheiten nicht. Er steht bei Wind und Wetter an der Startgerade, in der Hand das Rennprogramm und einen Stift, mit dem er den Einlauf notiert – »als Gedächtnisstütze für's nächste Mal«. Die Restaurants über der Tribüne interessieren ihn nicht. Er sei wegen der Hunde hier, sagt er, essen könne er auch zu Hause.

»Finger weg von Schnaps und Pferden, hat mir mein Vater eingebläut«, sagt er. »Beides macht dich arm. Bei Pferden kann man schummeln. Der Trainer kann dem Jockey sagen, er soll sich nicht allzu sehr anstrengen. Ein Hund hat keinen Jockey auf dem Rücken, und wenn das Rennen losgeht, sieht er nur noch den Hasen.«

Betrügen kann man aber doch. Manch Besitzer soll seinem Hund vor dem Rennen Limonade gegeben haben oder zu viel Fleisch, damit er nicht so schnell laufen konnte. Beim nächsten Rennen war er dann Außenseiter, aber in bester Verfassung, sodass der Besitzer ein hübsches Sümmchen am Wettschalter verdienen konnte. Die Schummelei brachte den Rennsport in Verruf. Heutzutage wird alles ganz genau geprüft, jeder Hund muss zur Dopingkontrolle. Der Hund bekommt, was auch das britische Herrchen isst: Müsli und Eier, Milch und Honig, *beef* und *cabbage*, manchmal mit Zwiebeln und Vitamintabletten. Nur am Renntag gibt es nichts: »Hunger verleiht Flügel«, sagt Sam.

Misstrauische Gemüter glauben, dass man durch die Geschwindigkeit des Hasen das Rennen beeinflussen kann. Der Mann, der das Kunststofflangohr steuert, will deshalb anonym bleiben. »Sonst versucht man womöglich, mich zu bestechen«, sagt er. Und das wäre bei seinem Lohn wohl allzu verführerisch. Früher wurde die Hasenattrappe von einem Angestellten per Fahrrad angetrieben. Das war nicht sehr zuverlässig, weil der Hase manchmal entgleiste und auch dem dümmsten Windhund klar wurde, dass er hereingelegt worden war.

Sophie begutachtet die Hunde, die vor dem Rennen an der Leine um die Bahn geführt werden. »Man muss darauf achten, ob der Hund hellwach ist«, glaubt sie. »Wenn er gähnt, kannst du ihn vergessen.« Das Gähnen dürfte ihnen aber wegen der Maulkörbe ohnehin schwer fallen. Das Pinkeln freilich nicht: Sophies *greyhound* im roten Trikot hebt am Flutlichtmast respektlos das Bein. Sophie ist entsetzt: »Er ist nervös«, diagnostiziert sie und setzt ihre fünfzig Pence lieber auf den Gestreiften mit der Nummer sechs: Jackalika. Beim staatlichen Totalisator beträgt der Mindesteinsatz nur zehn Pence, bei den privaten Buchmachern muss man meist fünf Pfund anlegen.

Als Jackalika vorbeigeführt wird, redet Sophie über die Absperrung beschwörend auf ihn ein. In der Mitte des Stadions leuchtet eine Zahl, die über die verbleibende Wettzeit Auskunft gibt: noch eine Minute. Die Hunde werden nun in die Startbox gesteckt. Manche gehen freiwillig hinein, bei anderen muss man nachhelfen.

Aus den Holzkästen dringt ein erbärmliches Winseln. Der Starter ist ein Gentleman: schwarze Stiefel bis zum Knie, braune Reithose, schwarze Smokingjacke, auf dem Kopf einen *bowler hat*. Als er die Fahne schwenkt, ertönt eine Klingel. Das Licht auf der Tribüne geht aus, fast andächtige Stille macht sich breit. Über dem Stadion hängt das Wettfieber. Dann wird der Hase losgelassen, die Klappen der Startboxen schnellen hoch.

Jetzt ist der Teufel los. Jeder feuert seinen Hund an, manche schwenken die bunten Wettscheine über dem Kopf, andere haben die Hände wie zum Gebet gefaltet. »Schneller, du Bastard«, brüllt ein korrekt gekleideter Herr, der offenbar auf den Hund im weißen Leibchen gesetzt hat. Der ist um dreißig Meter abgeschlagen, er muss sich beim Start irgendwie im Käfig verheddert haben. Das holt er nicht mehr auf, er läuft aber unverdrossen weiter und ergattert am Ende sogar den Troststoffhasen. Der Herr, der offenbar eine größere Summe auf den Versager gesetzt hatte, verwünscht ihn in die Wurstfabrik.

Wer gewonnen hat, ist noch unklar. Sophie muss auf das Fotofinish warten, so knapp ist das Rennen ausgegangen. Dann kommt die Ansage: Jackalika lag um eine Nasenlänge vorne. Während ihr Hund auf das Podest zur Siegerehrung gehoben wird, ruft Sophie: »Champagner!«

Der jüdische Friedhof von Limerick

Irland

Dem Gebäude merkt man nicht mehr an, dass es einmal eine Synagoge war: ein kleines graues Reihenhaus mit sechs Fenstern und einer grünen Eingangstür. Links davon ist eine zweite grüne Tür, hinter der ein Abstellraum liegt. Das Haus in der Wolfe Tone Street Nummer 63 im westirischen Limerick gehört Sylvia und Michael Hogan. Beide sind Ende vierzig, das Haus haben sie von Michaels Vater geerbt.

»In den zwanziger und dreißiger Jahren war das Haus in Wohnungen unterteilt«, sagt Michael Hogan. »Mehrere Familien lebten unter diesem Dach. Als mein Vater das Haus in den sechziger Jahren kaufte, war es eine Ruine. Er ließ die Vorderfront erneuern und errichtete hinten einen zweistöckigen Anbau mit Küche. Der Rest ist noch so, wie es damals war, als die Juden in der Straße wohnten.«

Damals hieß die Straße Collooney Street, ihr Spitzname war »Little Jerusalem«. Die meisten Juden waren 1881 aus Litauen gekommen, nach dem Attentat auf den russischen Zaren Alexander II., das ein Judenpogrom auslöste. Zehn Jahre zuvor hatten, so ist im Stadtarchiv nachzulesen, nur zwei Juden in Limerick gelebt, durch die Flüchtlinge aus Litauen stieg ihre Zahl innerhalb weniger Wochen auf hundertdreißig an. Die meisten von ihnen verkauften Bücher, Gemälde und Kleidung von Tür zu

Tür, manche auch Lebensmittel, einige akzeptierten dafür Ratenzahlung.

Heinrich Böll bezeichnete Limerick in seinem »Irischen Tagesbuch« als »frommste Stadt Irlands«. Die »Bruderschaft von Limerick«, eine vom katholischen Redemptoristen-Orden 1867 gegründete Gemeinschaft, bestimmte bis in die sechziger Jahre des 20. Jahrhunderts das religiöse und soziale Leben der Stadt. Der Schriftsteller Mike Finn sagte: »Es war immer eine sehr konservative und eine sehr katholische Stadt. Die Bruderschaft war die größte der Welt, und sie wollte sichergehen, dass kein unabhängiges Denken aufkam. Sie überwachten Kinos und Theater und die Freizeitgestaltung der Menschen.«

Wer der Bruderschaft beigetreten war, musste auch ihre Versammlungen besuchen. Wer sie versäumte, musste einen guten Grund dafür haben, der überprüft wurde. Im Mai 1903 beging ein Sechzehnjähriger Selbstmord, weil er wegen unentschuldigten Fehlens aus der Bruderschaft ausgeschlossen werden sollte. 1880 hatte die Bruderschaft viertausendzweihundert Mitglieder, dreißig Jahre später waren es bereits über siebentausend. Die Versammlungen fanden in der Church of St. Alphonsus Ligu ori statt, einer riesigen Kirche im gotischen Stil, die von den Redemptoristen zwischen 1858 und 1865 in der Henry Street erbaut worden war.

Anfang 1904 erhielt die Bruderschaft einen neuen Direktor: John Creagh. Er war 1870 in Limerick auf die Welt gekommen und wurde von den Christian Brothers erzogen, die schon damals für ihre brutalen Methoden bekannt waren. Nach seiner Ordination 1895 lehrte Creagh in England und in Belfast, bevor er nach Limerick zurückkehrte. Kurz nach seiner Ernennung zum Direktor, am 11. Januar 1904, hielt er in der Redemptoristenkirche seine Predigt, die das Leben der Juden von Limerick verändern sollte. Zwar hatte es schon in den achtziger und neunziger Jahren des 19. Jahrhunderts hin und wieder antijüdische Aktionen gegeben, doch das war nur ein Vorgeschmack auf das, was nach Creaghs Predigt über die Juden hereinbrach.

Er beschimpfte sie als »gottverfluchtes Volk«, die in »Samt und Seide gehen, während vor ihrer Synagoge die Armen barfuß herumlaufen«. Die Juden suchten ihre Opfer unter gutgläubigen Hausfrauen, wetterte Creagh, denn »der Jude hat eine süße Zunge, wenn er möchte, und drängt ihnen seine elende Ware auf«. Die Hausfrauen müssten die Raten heimlich zahlen, damit ihre Ehemänner nicht merkten, dass sie sich mit Juden eingelassen hätten.

»Heutzutage wagen sie es nicht mehr, Christenkinder zu entführen und zu erschlagen«, beschloss Creagh seine Predigt, »aber sie zögern nicht, sie einem noch langwierigeren und schlimmeren Märtyrertum auszusetzen, indem sie ihnen die Kleider vom Leib und den Bissen aus dem Mund stehlen. Sie haben anderen Völkern das Blut ausgesaugt, doch diese Völker wehrten sich und warfen sie hinaus, und nun sind sie in unser Land gekommen, um sich wie Blutegel an uns zu klammern und unser Blut zu saugen.«

Die Predigt verfehlte ihre Wirkung nicht. Die Kirche lag nicht weit von der Collooney Street entfernt, und die Mitglieder der Bruderschaft zogen auf dem Heimweg durch die Straße, warfen Fensterscheiben ein und attackierten die Juden, die sich vor die Tür gewagt hatten. In den folgenden Tagen kam es immer wieder zu Übergriffen. In seiner Not wandte sich Rabbi Elias Bere Levin an verschiedene Politiker. Levin war 1882 als Rabbiner nach Limerick versetzt worden, er war damals erst zwanzig Jahre alt.

»Unter den Politikern, die Levin angeschrieben hatte, war«, so Michael Hogan, »auch Michael Davitt.« Dieser entstammte einer Tagelöhnerfamilie, für seine radikalen Aktivitäten für die irische Unabhängigkeit war er zu sieben Jahren Gefängnis verurteilt worden. 1903 hatte ihn das Hearst-Zeitungsimperium nach Kishinev in Russland geschickt, um über den Judenpogrom zu berichten, bei dem innerhalb von zwei Tagen fünfundvierzig Juden ermordet und sechshundert verletzt worden waren. »Davitt antwortete Levin sofort«, sagt Hogan und kramt eine Kopie des Briefes aus dem Wohnzimmerschrank. Die Iren, so schrieb Davitt in dem Brief, hatten in ihrer Geschichte niemals Juden verfolgt. Durch Creagh habe sich das geändert. Statt eine »feige Vendetta« gegen die Juden zu predigen, solle sich der Pfarrer lieber um die englische Herrschaft in Irland kümmern, die zur Verarmung der Bevölkerung geführt habe.

Die Hoffnung der Juden, Davitts Intervention könne die Lage in Limerick beruhigen, währte nur kurz: Eine Woche nach der ersten Predigt stieg Creagh erneut auf die Kanzel. Zwar rief er dazu auf, von Gewalt gegen Juden Abstand zu nehmen, weil es der Sache schaden würde, aber dann predigte er das Gegenteil. Ziel der Juden sei es, sagte Creagh, das irische Volk zu versklaven, und das sei ein schlimmeres Schicksal als das jener Iren, die von Cromwell als Sklaven nach Barbados verschleppt worden seien: »Wir müssen uns verteidigen, bevor sie uns den Hals umdrehen.«

Creaghs Hass auf die Juden rührte offenbar daher, dass er sie dafür verantwortlich machte, gemeinsam mit den Freimaurern zweihundert Redemptoristen aus Frankreich vertrieben zu haben. Am Ende der Predigt rief Creagh zum Boykott der Juden auf, und die Gemeinde gehorchte. Die christliche Bevölkerung kaufte nicht mehr bei den Juden, sie stellte die Ratenzahlung ein, in den Schulen wurden die jüdischen Kinder isoliert, in manchen Geschäften Juden nicht mehr bedient.

Levin wandte sich an den katholischen Bischof von Limerick, Edward Thomas O'Dwyer. Er empfing die jüdische Abordnung zwar nicht, ließ aber durch seinen Sekretär ausrichten, man solle sich eine Weile ruhig verhalten und keinesfalls die Presse einschalten. Die Juden befolgten den Rat in der Erwartung, der Bischof werde in der Zwischenzeit seinen antisemitischen Priester zur Ordnung rufen. Doch der Boykott ging weiter.

Creagh war nicht der Einzige, der den Boykott forcierte, andere Priester unterstützten ihn und drohten Leuten mit Vertreibung aus der Gemeinde, falls sie bei Juden kauften. Auch Arthur Griffith, der 1905 Sinn Féin gründete, verteidigte Creagh: »Wir fühlen mit unserem Landsmann, dem Handwerker, dem der Jude seinen Lebensunterhalt vorenthält, wir fühlen mit unserem Landsmann, dem Händler, dem der Jude durch seine skrupellosen Methoden das Geschäft ruiniert, wir fühlen mit unserem Landsmann, dem Bauern, den der Jude in die Hände der Wucherer, ins Arbeitshaus oder außer Landes treibt. Unser Mitgefühl für die wöchentliche Prozession unseres eigenen Fleisch und Blutes, das

Irland verlassen muss, lässt kein Mitgefühl mehr übrig für die wöchentliche Prozession der Fremden, die in unser Land kommen.«

Leute wie Griffith schürten die Stimmung gegen die Juden, sodass es immer häufiger zu Gewalttaten kam. Im April 1904 wurde Levin von einer Gruppe Jugendlicher attackiert und von einem Stein getroffen. Der Übeltäter, der fünfzehnjährige John Raleigh, wurde festgenommen und zu einem Monat Haft verurteilt. Das Urteil löste Empörung aus, selbst der Stadtrat setzte sich, allerdings erfolglos, für Raleigh ein. Als der nach einem Monat aus dem Dubliner Mountjoy-Gefängnis nach Limerick zurückkehrte, wurde er am Bahnhof von einer großen Menschenmenge begeistert empfangen und durch die Stadt getragen. Sie überreichten ihm eine silberne Taschenuhr mit Kette.

Raleighs Verurteilung, die eine Abschreckung sein hätte sollen, erzielte nicht die vom Richter gewünschte Wirkung, die Angriffe auf die Juden in der Collooney Street gingen weiter. Zwar kam niemand dabei ums Leben, aber eine ganze Reihe der Opfer musste ins Krankenhaus eingeliefert werden.

»Hier wohnte David Weinronk«, erzählt Michael Hogan und zeigt auf ein Reihenhaus mit Souterrain. »Er ging eines Abends mit Louis Goldberg spazieren, als die beiden von einem Mann mit einer Keule zu Boden geschlagen wurden. Weinronk erlitt einen Beinbruch, Goldberg kam mit Kopfverletzungen ins Krankenhaus. Der Täter wurde für verrückt erklärt und ins Heim eingewiesen, dort aber schon am nächsten Tag für gesund befunden und freigelassen.«

Hogans Haus, die ehemalige Synagoge, ist 1826

erbaut worden. Ein paar Türen weiter steht das Haus Nummer vierundsiebzig. »Hier wohnte Margaret Kaitcher«, sagt Michael Hogan. »Ihre Eltern waren Eisa Reininger und Berish Hofler, die 1938 vor den Nazis aus Österreich fliehen mussten. Zwei Wochen nach ihrer Ankunft in Limerick buchte Margaret ein Zimmer im Hotel Crescent in der O'Connell Street und erschoss sich. Die Beerdigungszeremonie wurde vom letzten Rabbi in Limerick, Simon Gewurtz, durchgeführt. Reininger ist in einem anonymen Grab auf dem jüdischen Friedhof Kilmurry am Stadtrand Limericks beerdigt.«

Der Friedhof, der jahrzehntelang vernachlässigt worden war, ist 1990 vom Stadtrat restauriert worden. Die Neueröffnung wurde mit einem ökumenischen Gottesdienst gefeiert. Bei der Friedhofsweihe 1902 gab es einen heftigen Streit. Zu dem Zeitpunkt war die jüdische Gemeinde bereits tief gespalten. Die Gründe dafür sind bis heute unklar. Der Historiker Des Ryan vermutet, dass es ums Geldverleihen ging, eine Praxis, die der Chefrabbiner in Großbritannien, Herman Adler, bei seinen Besuchen in Irland immer wieder angeprangert hatte. Amtsrichter Adams vermerkte dagegen 1902 in seinen Akten, dass der Streit mit einem »obskuren rituellen Punkt« zu tun hatte.

Wie dem auch sei – begonnen hatten die Auseinandersetzungen um 1895, das geht aus Zeitungsartikeln und Gerichtsakten hervor, die Michael Hogan gesammelt hat. Beide Parteien trugen ihre Streitigkeiten häufig mit den Fäusten aus. Sie waren darüber hinaus recht klagefreudig und füllten die Leserbriefseiten der Lokalblätter. Die Fraktion, die sich von der »Hebrew Congregation, Limerick« losgesagt hatte und die »Limerick Hebrew Congregation« gründete, richtete zunächst ein Gebetshaus in der Collooney Street Nummer achtzehn ein, einem kleinen, zweistöckigen Haus neben Charlie Malones Kneipe. Im Januar 1901 eröffnete die Gruppe ihre eigene Synagoge mit eigenem Rabbi – neun Häuser von der anderen Synagoge entfernt, in der Collooney Street zweiundsiebzig. Der Antrieb dafür kam von Louis Goldberg, einem Zionisten, dessen weitläufige Verwandtschaft in Limerick mindestens zehn Familien umfasste. Er begründete die Abspaltung im *Limerick Leader* damit, dass man »nichts mit Geldverleihern« zu tun haben wolle.

Die Gruppe um Rabbi Elias Levin erwarb im Juni 1902 ein Stück Land in Kilmurry, um es als Friedhof zu nutzen. Das führte zum Streit mit Louis Goldberg und dessen Anhängern, der in den Zeitungen ausgetragen wurde. Goldberg schrieb an den *Limerick Chronicle*, beide Fraktionen hätten gemeinsam den Friedhof geplant und Geld gesammelt, Levins Leute dann jedoch heimlich das Grundstück erworben und auf ihren Namen ins Grundbuch eingetragen. Das Geld, so behauptete Goldberg, wollten sie mit Hilfe ihrer christlichen Nachbarn aufbringen. »Wenn sie die Hälfte der jüdischen Gemeinde ausschließen«, schrieb er, »sollten sie sich schämen, Außenstehende um Hilfe zu bitten.« Die Gruppe um Levin schimpfte Goldberg in der Antwort an den *Limerick Chronicle* einen Lügner und schrieb, dessen Fraktion habe keinen Penny zum Kauf des Grundstücks beigesteuert.

Als Creagh seine antisemitische Predigt hielt, war die jüdische Gemeinde noch immer tief gespalten. Der Boykott traf jedoch beide Fraktionen. Nach zwei Jahren waren über achtzig Juden weggezogen, weniger als vierzig hielten in Limerick aus, darunter

Rabbi Levin, der erst 1911 nach Leeds ging, wo er 1936 starb. Die katholische Hierarchie kam 1906 zu der Einsicht, religiöse Verfolgung habe keinen Platz in Irland. Creagh wurde am 12. Mai auf die Philippinen und später nach Australien versetzt, wo er abermals für eine Kontroverse sorgte. Als Zeuge in einem Mordprozess sagte er zugunsten des Angeklagten aus, eines weißen Viehhändlers. Es sei üblich, sagte Creagh, die als Viehtreiber eingesetzten Ureinwohner mit einer Ladung Schrot in die Beine zur Arbeit zu ermuntern, der Tod eines dieser Viehtreiber sei ein Versehen gewesen. Creagh kehrte nie mehr in seine Heimatstadt Limerick zurück, er starb 1947 in Neuseeland.

Im Whiskynebel der Geschichte

Schottland

Vielleicht liegt es an der hohen Luftfeuchtigkeit, vielleicht wirkt auch die Verschrobenheit der südlichen Nachbarn ansteckend. In Sachen Skurrilität müssen sich die Schotten jedenfalls nicht vor den Engländern verstecken. Atlantis sei in Wirklichkeit die Ostküste Schottlands gewesen, schrieb ein Comyns Beaumont im 19. Jahrhundert. Im Jahr 584 vor unserer Zeitrechnung sei ein Stück Norwegens abgebrochen und habe einen Tsunami ausgelöst.

Dieser Tsunami sei übrigens mit Noahs Sintflut identisch, meint Beaumont und liefert auch den Beweis: Im Nahen Osten gab es zu dieser Zeit gar keine Überschwemmung. Die Söhne Adams seien danach gen Osten gewandert. Dorthin gingen zur gleichen Zeit auch die Menschen von den Färöern, deren Name von »Faragh«, also »Häuptling« abstammt. Sie landeten in Ägypten und wurden Pharaonen.

Weil Atlantis Schottland ist, so folgert Beaumont, muss Edinburgh Jerusalem sein. Warum sonst hätten die Römer ein Regiment aus dem nordenglischen York schicken sollen, um den jüdischen Aufstand zu bekämpfen? Das hätte nur Sinn, wenn Jerusalem gleich um die Ecke läge. Als die Juden wieder revoltierten, gab Hadrian den Befehl, sie zu töten und ihre Stadt dem Erdboden gleichzumachen. Hadrians Nachfolger Konstantin benötigte später aus politischen Gründen ein Jerusalem und ließ es in Palästina wieder aufbauen.

Beaumont fand auch heraus, dass Pontius Pilatus Schotte war. Seine Mutter stammte aus Fortingall in Perthshire und hatte sich mit einem römischen Besatzungssoldaten eingelassen. Der gemeinsame Sohn, Pontius MacPilatus, kreuzigte später Jesus, kehrte nach Fortingall zurück und starb. Was sonst sollen die Initialen »PP« auf einem historischen Grabstein auf dem Friedhof in Fortingall bedeuten?

Nach diesen Informationen überrascht es kaum noch, dass auch Jesus in Schottland war. In der Bibel gibt es eine merkwürdige Lücke in seiner Biografie. Bisher nahm man an, dass Jesus als Prophet Isa nach Indien gereist sei. In Wirklichkeit, so schrieb der Bibliothekar des Britischen Museums, Henry Jenner, sei Isa eine Insel in den Inneren Hebriden, gleich neben Skye. Jesus' Vorfahren waren keltisch-hebräischen Ursprungs, und Jesus wollte herausfinden, wie es in der Heimat seiner Ahnen aussah, so vermutet Jenner. Jesus' Ehefrau Maria Magdalena floh nach der Kreuzigung aus Palästina nach Schottland, wo sie sein Kind zur Welt brachte. Das erklärt laut Jenner, warum zahlreiche schottische Kirchen mit dem Bild einer hochschwangeren Maria Magdalena verziert sind.

Offenbar glauben die Schotten auch jene Mythen, die sie selbst in die Welt gesetzt haben. Vielleicht ist aber auch das Nationalgetränk, der Whisky, an allem schuld. Das Schottland-Ministerium hat 1986 wochenlang beraten, wie man das Loch-Ness-Monster vor Wilderern schützen kann. Das kam jetzt heraus, weil die Sperrfrist für Regierungsdokumente abgelaufen ist. Das Fischereiministerium merkte an, Nessie sei weder Lachs noch Süßwasserfisch und deshalb nicht gesetzlich geschützt. Die Lösung lieferte das schottische Entwicklungsministerium: Da Nessie vom Aussterben bedroht sei, gelte das Tierschutzgesetz von 1981 für das Monster. Darauf einen Scotch.

Dreihundert Jahre sind genug – Schottlands Kampf um Unabhängigkeit

Schottland

Es ist früh, sehr früh. Alex Salmond, der Chef der Schottischen Nationalpartei SNP, hat zu einem Geschäftsfrühstück geladen. Im Oloroso, einem trendigen Restaurant im obersten Stockwerk eines Eckhauses in der Innenstadt von Edinburgh, treffen ab sieben Uhr die ersten Geschäftsleute ein.

Um acht Uhr betritt Salmond die Bühne. In seinem schwarzen Anzug, im blauen Hemd mit roter Krawatte sieht er aus wie ein Banker, und das war er früher auch. Bis er in die Politik ging, arbeitete er bei der Royal Bank of Scotland als Ölexperte. Um Öl geht es auch an diesem Morgen. Salmond legt seinen Haushaltsplan für die nächsten vier Jahre vor, in denen er der schottischen Regierung als Erster Minister vorstehen wird.

Der Zweiundfünfzigjährige wurde am 16. Mai 2007 vom Regionalparlament in Edinburgh mit neunundvierzig Stimmen gewählt. Neben den siebenundvierzig SNP-Abgeordneten wählten ihn auch die beiden Grünen. Die sechsundvierzig Labour-Abgeordneten stimmten für den bisherigen Premier Jack McConnell, die Tories und die Liberalen Demokraten enthielten sich. Knapp zwei Wochen zuvor hatte die SNP bei den Wahlen einen Sitz mehr als die Labour Party gewonnen, die in Schottland seit fünfzig Jahren das Sagen gehabt hatte. Doch für eine absolute Mehrheit im hundertneunundzwanzig Sitze umfassenden Parlament reichte das nicht. So steht Salmond seitdem einer Minderheitsregierung vor. Sein geplantes Referendum über Schottlands Unabhängigkeit musste er erst mal vertagen.

Im Oloroso-Restaurant rechnet er den Geschäftsleuten vor, wo sich Gelder einsparen lassen, etwa bei der Verschlankung der Bürokratie. Mit Hilfe der Einnahmen aus dem Nordseeöl und der Whiskyindustrie könne man die Körperschaftssteuer wie im Boomland Irland senken. Das würde ausländische Investoren anlocken, so dass die schottische Wirtschaft ähnlich wie auf der Nachbarinsel wachsen würde.

Die Geschäftsleute applaudieren höflich. Sie haben die Angst vor der SNP längst verloren. Noch 1999 vor den ersten Wahlen zum Regionalparlament warnten hundert Unternehmer, dass die SNP Chaos und Ruin über Schottland bringen würde. Das ist heute anders. Fünfunddreißig Prozent der Spitzenverdiener wählen laut Umfragen inzwischen die SNP – mehr als jede andere Partei.

Steven Moffat ist einer davon. Er sieht nicht aus wie ein Geschäftsmann. Er trägt Jeans, hat lange Haare und einen Dreitagebart. Früher hat der Vierzigjährige die SNP gewählt, dann, nach der Teilautonomie 1999, setzte er auf Labour. »Aber diese Regierung hat nicht die versprochenen Rahmenbedingungen für Wachstum geschaffen«, sagt er. Zuletzt hat er gar nicht gewählt, doch Salmond hat ihn überzeugt: »Sein Wirtschaftsplan ist verständlich und klingt vernünftig.«

Moffat ist vielseitig, er importiert Holzhäuser aus Litauen, verkauft Babykleidung, Unterwäsche, Reituntensilien und vermarktet Musikrechte. Er hat nur sieben Angestellte, die anderen Mitarbeiter sind am Profit beteiligt. »So können sie selbst die Höhe ihres Einkommens beeinflussen«, sagt er. Das klingt nach Labours Schlagwort von der *stakeholder society*, in der die gesamte Bevölkerung Mitglied derselben Interessengruppe ist.

Doch mit Labour hat Moffat gebrochen, er hofft auf die SNP. Die Partei entstand 1934 aus einer Fusion der linken National Party of Scotland mit der konservativen Scottish Party. Ihr erstes Unterhausmandat gewann sie 1967. Der Durchbruch kam bei den Wahlen 1974. In der Nordsee hatte man Öl entdeckt, und die SNP bestritt den Wahlkampf mit dem Slogan: »Es ist Schottlands Öl.« Sie gewann dreißig Prozent der Stimmen und ist seitdem ein Machtfaktor in Schottland.

Zwei Tage vor den Wahlen, am 1. Mai 2007, gab es ein Jubiläum, das für die SNP kein Anlass zum Feiern war: Dreihundert Jahre zuvor wurde Schottland mit England vereinigt. Es war eine Zwangsehe, denn London übte erheblichen Druck aus und schickte als Anreiz zwanzigtausend Pfund. Gegen den Unionsvertrag gab es in vielen schottischen Städten Protestdemonstrationen, die Glocken der St. Guiles Cathedral in Edinburgh spielten am 1. Mai 1707 das Lied: »Warum bin ich so traurig an meinem Hochzeitstag?«

Für Labour steht in Schottland viel auf dem Spiel. Ohne die schottischen Labour-Abgeordneten hätte es bei den britischen Unterhauswahlen 2005 nicht zur Mehrheit gereicht. Wie groß die Angst bei Labour ist, zeigte der Vorstoß des bisherigen Ersten Ministers, Jack McConnell. Im Wahlkampf beschwor der frühere Mathematiklehrer die Anhänger der Tories und der Liberalen Demokraten, diesmal taktisch zu wählen und Labour die Stimme zu geben, um einen Sieg der SNP zu verhindern.

Darüber hinaus setzte Labour auf Angstmache. Tony Blair, der damalige Premierminister, der in Edinburgh geboren ist, behauptete, eine SNP-Regierung würde jede schottische Familie fünftausend Pfund im Jahr kosten. Blairs Nachfolger Gordon Brown warnte vor der »Balkanisierung« Großbritanniens, und Innenminister John Reid tönte, dass die Schotten Reisepässe benötigen würden, um die Oma in England zu besuchen, falls die SNP ans Ruder käme. Es nützte alles nichts.

Was für einen Wahlkampf hätte Labour auch machen sollen? Die Partei dominierte seit fünfzig Jahren die schottische Politik, aber großartige Errungenschaften konnte sie kaum vorweisen: Das schottische Wirtschaftswachstum ist niedriger als der britische Durchschnitt, die Arbeitslosigkeit höher, jedes dritte schottische Kind lebt in Armut, in Teilen Glasgows ist die Lebenserwartung niedriger als in Bagdad.

»Höchstens in Japan oder Mexiko war eine Partei so lange an der Regierung«, sagt Angus Robertson, »und vielleicht noch in Bayern.« Der Siebenunddreißigjährige ist außenpolitischer Sprecher der SNP. Er leitete den Wahlkampf von der Parteizentrale aus. Die liegt am Rande der Innenstadt, im Hof hinter einer Investmentfirma, neben der Christian Family Church. »Vor acht Jahren hat Labours Negativkampagne funktioniert, vor vier Jahren auch noch«, sagt Robertson in einem Deutsch mit Wiener Akzent, denn er hat sieben Jahre bei einem Radiosender in der österreichischen Hauptstadt gearbeitet. »Aber jetzt kauft ihnen das keiner mehr ab.«

Robertson ist Unterhaus-Abgeordneter für den

Wahlkreis Midlothian – Süd-Edinburgh und Umgebung. Dort ging Alex Salmond auf Wahlkampf. Die Gegend ist eigentlich eine Hochburg der Labour Party. Früher lebte man hier vom Bergbau, doch das letzte Bergwerk ist nun auch nur noch ein Museum. Salmond wollte in der Stadt Dalkeith dem SNP-Kandidaten Colin Beatty unter die Arme greifen. Der war bis vor kurzem Investment-Banker in London, dann kündigte er und widmet sich seitdem dem ungewissen Geschäft der Politik.

Im Zentrum von Dalkeith trifft man auf eine ungewöhnliche Anhäufung architektonischer Verbrechen, aber Salmond war ja nicht zum Sightseeing hier. Er setzte sein geradezu spitzbübisches Lächeln auf, ging auf die Passanten zu und stellte sich vor: »Ich bin Alex Salmond, der nächste Erste Minister Schottlands.« Natürlich kennen ihn alle – oder fast alle. Florina Lacatus, eine junge Rumänin, wollte ihm die Obdachlosenzeitung *Big Issue* verkaufen. Salmond bezahlte und zeigte auf die Titelseite, auf der oben in der Ecke sein Foto abgedruckt war. »Das bin ich«, sagte er. »Das glaube ich nicht«, antwortete Lacatus, ließ sich aber überzeugen, nachdem Salmond die Innenseiten mit einem langen Interview mit ihm aufgeschlagen hatte.

Salmond war von 1990 bis 2000 Parteichef. Dann trat er zurück und schwor, nie mehr ein Amt anzunehmen. 2004, als sein Nachfolger zurücktrat, überlegte er es sich anders. Salmonds Vorteil ist, dass er ein weit größeres Charisma hat als seine Konkurrenten, er schäkert gerne mit den Passanten, in J. T. Stewarts Fleischerei setzte er sich den weißen Metzgerhut auf und ließ sich fotografieren.

Warum kandidierte Salmond aber ausgerechnet im Wahlkreis Gordon im Nordosten Schottlands?

Er benötigte eine gewaltige Wählerwanderung, um den Liberalen dort den Sieg wegzuschnappen. Aber er ist nun mal ein Spieler. Er zitierte den Marquess of Montrose, der im englischen Bürgerkrieg auf königlicher Seite gekämpft hat und 1650 in Edinburgh geköpft wurde:

Wer nur mit Furcht am Leben nagt,
Den Lohn verpasst, der Wicht.
Es ist der Mut, der alles wagt,
Zu gewinnen – oder nicht.

Sein Roulettespiel zahlte sich aus. Er gewann den Wahlkreis deutlich – andernfalls hätte er trotz SNP-Sieg nicht Regierungschef werden können.

Das Porträt eines anderen Schotten, der stets auf königlicher Seite gekämpft hat, hängt eingerahmt in der winzigen Küche des SNP-Parteibüros. Sean Connery, der erste James-Bond-Darsteller und wohl berühmteste Schotte, der aus dem Edinburgher Stadtteil Fountainbridge stammt, überweist der Partei jedes Jahr ein hübsches Sümmchen für den Wahlkampf. Er selbst hat sein Heimatland schon vor mehr als einem halben Jahrhundert verlassen, zur Zeit lebt er auf den Bahamas. Doch sobald Schottland unabhängig sei, werde er zurückkehren, sagt Connery und fügt hinzu: »Schottlands Unabhängigkeit ist mir wichtiger als ein Oscar.«

Schule vor Gericht – Alexander Neills Summerhill

England

Es gab Zeiten, da stand das Buch in jedem Wohngemeinschaftsregal: »Theorie und Praxis der antiautoritären Erziehung« von Alexander Sutherland Neill. Allein in Deutschland wurden mehr als eine Million Exemplare verkauft. Summerhill, Neills Schule in der ostenglischen Grafschaft Suffolk, wo er seine Theorie in die Praxis umsetzte, war zum Mythos geworden, angehende Pädagogen kamen aus aller Welt herbei, um die Republik der Kinder zu bestaunen.

Das war Ende der sechziger Jahre. Später, in den Achtzigern, wurde es still um die Schule, sie machte nur noch Schlagzeilen, wenn sie mal wieder von einer Zwangsschließung bedroht war, zuletzt 1999, als die Schulbehörde den freiwilligen Unterricht in Frage stellte. Das jedoch war eines von Neills Grundprinzipien: Kinder lernen nur, was sie wollen und wann sie wollen, und wenn sie nicht wollen, kann kein Lehrer sie zwingen, am Unterricht teilzunehmen. Der Gerichtsprozess im März 2000 ging überraschend zugunsten der Schule aus. Das Gericht stellte fest, dass sich Lernen nicht immer im Unterricht ereignen müsse und unterband die außergewöhnlich häufigen Inspektionen der Schule.

Neill kam 1883 im schottischen Forfar auf die Welt, er war das viertälteste von dreizehn Kindern. Seine Kindheit war das Gegenteil von dem, was er später in seinen Büchern propagierte: Sein Vater, ein strenger Calvinist, war auch »Dominie«, der Schulmeister des Dorfes, und regierte mit der Peitsche. Dadurch entstand bei Neill schon früh der Entschluss, es bei der Erziehung anders zu machen. Summerhill wurde 1921 in Hellerau bei Dresden als Teil einer internationalen Schule, der »Neuen Schule«, gegründet. Es ist die älteste demokratische Schule der Welt. Über Österreich und Südengland zog die Schule 1927 nach Leiston in Suffolk.

Man könnte die kleine Ortschaft nördlich von Ipswich idyllisch nennen, wenn da nicht der unfallträchtige Atommeiler Sizewell am Ortsrand wäre. In einer Seitenstraße steht, unscheinbar auf einer niedrigen Begrenzungsmauer, das Wort Summerhill. Biegt man in die Einfahrt ein, ist man in einer anderen Welt, in der die Kinder bestimmen, ob man das Schulhaus betreten darf, ein verwinkeltes viktorianisches Herrenhaus zwischen alten Bäumen. Auf dem fünf Hektar großen Gelände gibt es Hütten aus Fertigbauteilen als Klassenzimmer, zerbeulte Wohnwagen für die Lehrer und ein Schwimmbad. Vor dem Hauptgebäude fahren ein paar ältere Schüler auf Rollerblades eine Rampe auf und ab. Es ist Vormittag, mitten in der Woche, doch der Stundenplan ist nur für die Lehrer verbindlich.

Maya Mahn aus dem Hunsrück ist Hausmutter, sie kümmert sich um die Zehn- bis Dreizehnjährigen, die in Vierbettzimmern schlafen. Nur die Ältesten haben kleine Einzelzimmer. Maya trägt einen Trainingsanzug, Turnschuhe und um den Hals eine Kette mit einem großen Medaillon. Ihre schulterlangen braunen Haare hat sie mit einer Spange nach hinten gesteckt, die Sonnenbrille nach oben geschoben. Maya ist einundzwanzig, von 1992 bis

1994 war sie selbst Schülerin in Summerhill. Hat sich die Schule seither verändert? »Früher hatten wir alte, doppelstöckige Armeebetten«, sagt sie, »jetzt gibt es moderne Holzbetten, neue Fußböden, Brandschutzwände und viel mehr Toiletten. Aber inhaltlich ist alles beim Alten geblieben, und das ist gut so.«

Maya denkt mit Schaudern an ihre Schulzeit in Deutschland. »Mathe war mir ein Gräuel«, erzählt sie, »und als ich nach Summerhill kam, habe ich acht Wochen lang an keiner Mathestunde teilgenommen. Dann schaute ich probehalber mal rein und blieb da. Ich merkte, dass es nie Mathe gewesen war, das mich gestört hatte, sondern die Art und Weise, wie man es mir beibringen wollte.« Maya machte ihren Realschulabschluss in elf Fächern, dann ging sie nach Idar-Oberstein und absolvierte ihre Abiturprüfung. »In Deutschland war es schwierig mit meinen Mitschülern«, erzählt sie, »sie waren viel orientierungsloser als ich. Außer Disco und Kino hatten sie kaum Interessen. Fachlich hatte ich aber keine Probleme.«

Der Glaube, dass in Summerhill zufriedene Versager herangezogen werden, ist weit verbreitet, aber falsch. Die Realschulabschlüsse liegen deutlich über dem Landesdurchschnitt. »Unter unseren ehemaligen Schülern sind Ärzte und Anwälte, Schriftsteller und Künstler, Geschäftsleute und ein Mathematikprofessor«, zählt Zoe Redhead, die Direktorin, stolz auf. Die Vierundvierzigjährige ist die Tochter Neills und seiner Frau Ena. Sie verließ Summerhill bald nach ihrer Schulzeit und leitete eine Reitschule, bevor sie Ende 1985 zurückkehrte, um das Lebenswerk ihrer Eltern fortzuführen.

Rund die Hälfte der achtzig Schüler sind britisch, die anderen kommen aus Deutschland, Korea und vor allem Japan. »Die asiatische Wirtschaftskrise und die starke britische Währung haben uns zu schaffen gemacht«, sagt Redhead, »die Japaner können sich das Schulgeld nicht mehr leisten. Deshalb ist unsere Schülerzahl zurzeit recht niedrig.« Sechstausendfünfhundert Pfund kostet es im Jahr, für Tagesschüler aus Leiston ist es wesentlich billiger. »Wir sind im Ort akzeptiert«, sagt Redhead, »die Leute wissen, dass die Horrorgeschichten über wilde Schüler und chaotische Klassen gelogen sind. Wir haben mehr Regeln als jede andere Schule.«

In der dunkel getäfelten Eingangshalle sind zweihundertfünfzig Regeln an das Notizbrett geschlagen. Alkohol ist in der Schule verboten, Zigaretten sind erlaubt. Wenn es regnet, darf man nicht auf die große Buche vor dem Schulhaus klettern. Wer sich ohne zu fragen ein Fahrrad leiht, muss fünfzig Pence Strafe zahlen. Und wer in den Ort geht, muss seine Holzmarke an die Meldetafel am Café hängen. Die Regeln werden von Kindern und Erwachsenen gemeinsam aufgestellt, sie können jederzeit verändert werden. Einmal in der Woche treffen sich alle zur Vollversammlung in der Eingangshalle, beim Vorsitz wechseln sich die Kinder ab.

Bei den Treffen werden allgemeine Pflichten wie Küchendienst verteilt, aber auch Beschwerden über Mitbewohner vorgebracht. Der Vorsitzende entscheidet über das Strafmaß, das von Puddingentzug bis hin zum vorübergehenden Schulverweis reicht. Jeder hat eine Stimme, das Wort eines Erstklässlers zählt genauso viel wie das der Direktorin. Vor ein paar Jahren wurden alle Regeln abgeschafft, doch am Ende stimmten die Kinder dafür, sie wieder einzuführen. »Jeder kann in Summerhill tun, was er will, solange die Freiheit der anderen dadurch nicht beeinträchtigt wird«, sagt Zoe Redhead.

Eine andere Regel lautet: James, der Lehrer, darf Mayas Zimmer nicht betreten. »Als ich nicht hier war, hat er in meinem Zimmer übernachtet und einen Dreckstall hinterlassen«, erklärt Maya. Sie hat sich eine blaue Kapuzenjacke übergezogen, auf dem Rücken steht: »Summerhill – die wahrscheinlich meistgeprüfte Schule der Welt.« Die Inspektoren Ihrer Majestät hatten schon immer ein besonderes Interesse an der Schule, deren Philosophie ihnen so fremd ist. 1949 beschrieben sie Summerhill noch als »faszinierend und wertvoll«. Es täte jedem Erzieher gut, sich die Schule anzusehen, hieß es in ihrem Bericht.

In den neunziger Jahren änderte sich der Ton, dazu trug ein Dokumentarfilm von *Channel 4* bei. Darin waren Kinder zu sehen, die ein Karnickel jagten und es mit einer Machete köpften. Ältere Schüler und Schülerinnen badeten in dem Film gemeinsam und nackt im schuleigenen Pool, was die Fantasie der Boulevardblätter beflügelte. Das war allerdings schon in den fünfziger Jahren so. Angela Neustatter, die damals Summerhill besuchte, sagt: »Reporter von Boulevardzeitungen kamen regelmäßig in die Schule und boten uns ein Pfund, wenn wir ihnen die Geschichten auftischten, die sie hören wollten. Wir sollten erzählen, wie die Lehrer uns zu Sexorgien auf der Wiese vor dem Haus einluden. Wir sollten zusammen im Badezimmer für ein Foto posieren und sagen, dass wir scharf aufeinander seien. Das waren wir gewiss nicht – wenn man mit Jungs zusammen aufwächst und mitbekommt, wie ihr Flaum am Kinn langsam zu unattraktiven

Bartstoppeln wird, ist jeder erotische Gedanke im Keim erstickt.«

Die Schikanen der Behörden haben seit zehn Jahren zugenommen, sagt Redhead: »In den letzten Jahren sind sie aggressiver geworden – seit Labour die Parole ausgegeben hat: Bildung! Bildung! Bildung!« Die Inspektoren machten Auflagen, was den Zustand der Gebäude, vor allem der Toiletten, anging. Die geforderten Reparaturarbeiten wurden durchgeführt, und die Sozialbehörde, die für Gesundheit und Sicherheit zuständig ist, hatte bei ihrer letzten Untersuchung nichts zu beanstanden.

Doch dann kamen acht Inspektoren, und ihnen ging es nicht mehr um baufällige Klassenzimmer, sondern um Summerhills Prinzipien. »Unser Bericht kann und will kein Urteil über die einzigartige Philosophie fällen, auf der Summerhill begründet ist«, schrieben sie zwar ins Vorwort ihres Berichts, doch sie ließen kein gutes Haar an der Schule. Der oberste Schulinspektor Chris Woodhead wollte Summerhill schließen, doch das Gericht verhinderte das.

Was die Inspektoren vor allem bemängelten, war die freiwillige Unterrichtsteilnahme. Das würde zum Schwänzen einladen, die Bildung der Schüler sei nicht mehr gewährleistet. Einige Schüler hätten seit zwei Jahren an keiner einzigen Mathematikstunde teilgenommen, schrieben die Inspektoren empört. »Es ist möglich, dass ein Zehnjähriger gegenüber seinen Altersgenossen an anderen Schulen zurückfällt«, räumt Redhead ein, »aber man muss die Bildungsleiter ja nicht Stufe für Stufe erklimmen. Er holt das eben später wieder auf.«

Ein anderer Vorwurf betraf die Toiletten, die nicht nach Geschlechtern getrennt sind. »Wir sind eine Familie«, sagt Redhead, »und in einer Familie gibt es keine getrennten Toiletten. Wir lassen uns von der Regierung nicht vorschreiben, wo wir pinkeln.« Im Übrigen hätten die Inspektoren gar nicht mit den Kindern gesprochen. Eine unabhängige Kommission von Erziehungsexperten hatte sich dagegen eingehend mit den Schülerinnen und Schülern beschäftigt, ihr Bericht, der dem Tribunal vorgelegt wurde, fiel überaus positiv aus. Unterstützung bekam Summerhill auch von vielen Abgeordneten und Oberhaus-Lords. Die demokratische Bildungsbewegung in Russland schrieb in einem Brief an das britische Bildungsministerium, die unabhängige Schule sei ein »Bollwerk gegen totalitäre Bildungspolitik«.

Maya findet das auch. Sie ringt nach Worten. »Es wäre einfach irgendwie unglaublich, wenn sie die Schule dichtmachen. Warum sollen wir uns anpassen? Das staatliche britische Schulsystem ist doch wahrlich kein Vorbild.«

Taxi für eine Taube

Schottland

Da sage noch einer, die Schotten seien geizig. Sie haben sich 1999, als Schottland teilunabhängig wurde, ein Parlamentsgebäude genehmigt, dessen Baukosten im Laufe der Zeit ins Unermessliche stiegen. Am Ende mussten die Steuerzahler für den Holyrood-Prunkbau, der mit jahrelanger Verspätung schließlich 2004 bezugsfertig wurde, vierhunderteinunddreißig Millionen Pfund berappen.

Der Unterhalt des Gebäudes kostete dreihundertfünfzigtausend Pfund im Jahr – bis die Abgeordneten 2004 einzogen. Seitdem sind siebenhundertfünfzigtausend Pfund jedes Jahr fällig, davon alleine fünfunddreißigtausend Pfund für die Fensterputzer, die sich aufgrund der törichten Konstruktion vom Dach abseilen müssen, um von außen an die Fenster zu gelangen. Viele Treppengeländer sind jetzt schon verrottet. Da es sich um Spezialanfertigungen handelt, sind auch Spezialpreise fällig, wenn sie ersetzt werden müssen.

Ersetzt werden müssen auch ständig irgendwelche elektronischen Geräte. Seit der Eröffnung des Parlaments sind Waren im Wert von dreißigtausend Pfund geklaut worden, ein Großteil davon aus Gebäudeteilen, zu denen nur die Abgeordneten Zugang haben. Zugang zum Parlament haben auch Tauben, wie die Gebäudeverwaltung entsetzt feststellen musste. Man hatte eine Menge Geld für Stahlnadeln auf dem Dach ausgegeben, um die Vögel vom Nisten abzuhalten. Neulich entdeckte der Verwalter ein Nest mit einer jungen Taube direkt über dem Haupteingang.

Sie soll aber nicht verjagt, sondern professionell umgesiedelt werden. Zu diesem Zweck hat man das Unternehmen Ecolab beauftragt. Ein Sprecher der Firma sagte, man werde abwarten, bis der Vogel flügge ist. Sollte er dann nicht freiwillig abhauen, werde man ihn einfangen und mit einem Tiertaxi in ein Naturschutzgebiet in der südschottischen Grafschaft Ayr bringen. Seit wann stehen fliegende Ratten unter Naturschutz? Die Aktion kostet zweihundertfünfzig Pfund – pro Taube. Denn es ist kaum zu erwarten, dass dies ein Einzelfall bleibt. Die Parlamentsangestellten sind beauftragt worden, wachsam zu sein und nach weiteren Exemplaren Ausschau zu halten.

»Jetzt gibt es also einen Zerstreuungsbefehl für Tauben«, höhnte der Abgeordnete der Liberalen, Mike Rumbles. »Ich nehme an, er wird genauso effektiv sein wie der Zerstreuungsbefehl bei Menschenansammlungen.« Die unabhängige Abgeordnete Margo McDonald sagte: »Für zweihundertfünfzig Pfund drehe ich jeder Taube selbst den Hals um.«

Der »Beratungsdienst für Taubenkontrolle« erklärte, er hätte die Vögel kostenlos entfernt, aber die Schotten geben gerne Geld für Tiere aus. 2004 zahlte die Regierung zwanzig Pfund steuerfreie Kopfprämie für jeden Igel auf der Hebrideninsel North Uist. Die Stacheltiere wurden geschlachtet, um die einheimischen Watvögel zu schützen. Und 2005 heuerte man für fünfhunderttausend Pfund Schädlingsbekämpfer aus Neuseeland an, um Ratten auf der Insel Canna zu vergiften. Zuvor wurden jedoch hundertzwanzig Mäuse in den Zoo von Edinburgh evakuiert, damit sie nicht versehentlich mitvergiftet wurden. Nach der Rattenvernichtung durften die Mäuse wieder auf die Insel zurückkehren.

Die Schotten könnten eine Menge Geld sparen, wenn sie statt der Tauben die Abgeordneten umsiedeln und sie über einer unbewohnten Insel vor der Westküste abwerfen.

Wandgemälde und Friedensmauern – Boomtown Belfast

Nordirland

Von der Terrasse des Restaurants »Bá Mizu« hoch über der Stadt sieht man die Symbole des neuen und des alten Belfast: im Vordergrund das Riesenrad, die Luxushotels und die Einkaufsmeile, am Horizont die beiden gelben Kruppkräne »Samson« und »Goliath« am östlichen Rand des Hafens, wo 1911 die Titanic vom Stapel lief.

Die Kräne gehören Harland & Wolff, der einst größten Werft der Welt, die oft im Mittelpunkt des Nordirland-Konflikts stand. Antikatholische Pogrome hatte es schon gegen Ende des 19. Jahrhunderts auf der Werft gegeben. Und am 21. Juli 1920, während des Unabhängigkeitskriegs, kam es in Belfast zu einer Massenversammlung protestantischer Arbeiter. Bewaffnet mit Knüppeln, prügelte man die katholischen Arbeiter hinaus, viele wurden einfach ins Wasser geworfen. Die letzten Katholiken sind 1974 vertrieben worden, als die Werftarbeiter eine führende Rolle beim protestantischen Generalstreik spielten, durch den die Regionalregierung gestürzt wurde, weil ihr auch Katholiken angehörten.

Diese Ära, so hofft man in Nordirland, hat man hinter sich gelassen. Am Karfreitag 2008 war es zehn Jahre her, dass das Belfaster Abkommen unterzeichnet wurde. Danach kamen die ersten Investoren. Seit 2007 regiert eine Mehrparteienkoalition, geleitet von den früher verfeindeten Parteien Sinn

Féin, dem politischen Flügel der Irisch-Republikanischen Armee (IRA), die vergeblich für ein vereintes Irland gekämpft hat, und der Democratic Unionist Party, die für den Verbleib Nordirlands im Vereinigten Königreich eintritt. Deren Parteigründer, der Protestantenpfarrer Ian Paisley, legte im Mai 2008 sein Amt nieder und ging mit einundachtzig Jahren in Pension.

Vom Friedensprozess beflügelt, erlebt Belfast einen Aufschwung, der die nordirische Hauptstadt in die Liste der »zehn aufstrebenden Städte der Welt« des Reiseführers »Lonely Planet« katapultiert hat. Im Zentrum sind Wohnhäuser, Einkaufszentren und Bürogebäude entstanden, Straßen, Plätze und Altbauten wurden saniert, am Ufer des Lagan gibt es nun ein Konferenzzentrum und einen Vergnügungskomplex. 1994, als die IRA ihren Waffenstillstand verkündete, übernachteten zweihunderttausend Touristen in Belfast, jetzt ist es über eine Million im Jahr.

Die neueste Attraktion ist das vierhundert Millionen Pfund teure Einkaufszentrum Victoria Square, zu dem das Restaurant »Bá Mizu« im Nobelkaufhaus House of Fraser gehört. Auf fünfundsiebzigtausend Quadratmetern sind achtundneunzig Läden angesiedelt, die Verkaufsfläche in der Innenstadt ist auf einen Schlag um ein Drittel gewachsen. Zur Eröffnung des Konsumtempels mit Glasdom wie auf dem Berliner Reichstag kamen im März 2008 rund hunderttausend Schaulustige. Nur einen Steinwurf entfernt ist der nächste Bau der Superlative bereits in der Planung: die Royal Exchange mit vierzigtausend Quadratmetern Ladenfläche.

Das ambitionierteste Projekt ist jedoch das Titanic Quarter. Hier, auf dem ehemaligen Gelände von

Harland & Wolff, soll ein Hightech-Park entstehen, in dem einmal zehntausend Menschen arbeiten werden. Forschung und Entwicklung, akademische Ausbildung, kombiniert mit Freizeitangeboten und Wohnraum – das sind die Schlagworte, mit denen man weitere Investoren anlocken möchte. Hotels, Restaurants, ein Open-Air-Theater und ein Besucherzentrum, in dessen Mittelpunkt die Titanic stehen wird, sollen die Anlage auch für Touristen attraktiv machen. Denen wird ein elektronischer Führer an die Hand gegeben, der sie interaktiv zu den Stätten des einst blühenden Schiffbaus führt. Kurze Filme lassen die großen Zeiten in dem kleinen Gerät noch einmal aufleben.

Die imposante Eingangshalle des früheren Hauptquartiers von Harland & Wolff mit dem großen Zeichenbüro, wo die Titanic entworfen wurde, das Trockendock mit Pumpenhaus, wo sie gebaut wurde, und die Rampe, wo sie vom Stapel lief, werden restauriert und in das Gesamtprojekt integriert. Noch ist weit und breit Brachland, doch vieles soll bis zum 31. Mai 2011 fertig sein, denn das ist der hundertste Jahrestag des Stapellaufs. Diesen Tag will man feiern, denn als die Titanic Belfast verließ, war sie noch intakt, betont man bei der Projektleitung. Der 14. April 1912, als das Schiff auf seiner Jungfernfahrt gegen einen Eisberg fuhr und tausendfünfhundert Menschen in den Tod riss, erinnert zu sehr an Untergang, und das passt nicht zum neuen Belfast, wo sich grenzenloser Optimismus breitgemacht hat.

Dieser Optimismus ist auch an den ehemaligen Brennpunkten des Konflikts zu spüren. Nur wenige Schritte vom Zentrum entfernt sind katholische und protestantische Viertel wie ein Flickenteppich angeordnet. Wo sie aneinander stoßen, kam es früher fast jede Nacht zu Krawallen, vor allem im Westen der Stadt mit den Vierteln um die katholische Falls Road und die protestantische Shankill Road.

»Während des Konflikts kamen vor allem die Polittouristen«, sagt Harry Connolly. »Aber mit dem Friedensprozess öffnen sich für uns andere Märkte.« Connolly, ein großer Mann mit kurzen Haaren und dünnem Vollbart, ist zweiundzwanzig Jahre alt. Seit Dezember 2007 arbeitet er als Koordinator für die Tourismusentwicklung der Gegend um die Falls Road. »Der Staat steckt viel Geld in die großen Projekte wie das Titanic Quarter«, sagt er. »Aber langsam beginnt man, auch die lokalen Initiativen zu fördern.«

Noch aber kommen die Touristen in ihren Bussen, schauen sich die Wandgemälde an und verschwinden wieder. Die lokale Wirtschaft profitiert nicht davon. Deshalb müsse man die Infrastruktur verbessern, sagt Connolly: »Es gibt bisher keine Übernachtungsmöglichkeiten. Demnächst sollen ein Hotel, eine Jugendherberge und ein Versöhnungszentrum mit Unterkünften entstehen.«

Seine Organisation »Fáilte Feirste Thiar« arrangiert Fortbildungskurse für expandierungsfreudige Kleinunternehmen im Tourismussektor. Die *black taxis* zum Beispiel: Diese Linientaxis sind in den katholischen und den protestantischen Vierteln, wo die öffentlichen Busse in der heißen Phase des Konflikts ihren Dienst eingestellt hatten, das alternative und billigere Verkehrsmittel. Viele bieten Touren zu den Schauplätzen des Konflikts an.

Wer lieber zu Fuß geht, kann sich von ehemaligen IRA-Gefangenen durch das Viertel führen lassen. Der Spaziergang endet am Cupar Way, der

Grenze zur protestantischen Shankill Road. Hier übernehmen frühere Gefangene loyalistischer Organisationen die Touristen, führen sie zu den Sehenswürdigkeiten ihres Viertels und bringen ihnen ihre Sichtweise des Konflikts nahe.

Falls und Shankill sind am Cupar Way durch eine hohe Mauer getrennt, auf die auch noch ein hoher Zaun montiert ist. Diese »Friedenslinie« gehört zu den Besucherattraktionen, sie ist mit Malereien verziert. Es ist aber keineswegs die einzige Mauer, die katholische und protestantische Viertel in Belfast trennt. 1994, als die IRA ihren Waffenstillstand verkündete, gab es neun solcher Mauern, heute sind es trotz Friedensprozesses mehr als vierzig.

Und sie seien noch immer notwendig, finden die meisten Anwohner auf beiden Seiten. Als jemand im Stadtrat den Vorschlag machte, die Mauern abzureißen, gab es einen Aufschrei. »Zwar haben die Spannungen zwischen beiden Bevölkerungsgruppen nachgelassen«, meint Connolly, »aber hin und wieder fliegen Steine oder Flaschen. Die Leute fühlen sich mit den Mauern sicherer. Aber es wäre wünschenswert, dass es mehr gemeinsame Aktivitäten auf dem Brachland rund um die Mauern gäbe.«

Roz Small glaubt auch, dass die Mauern erst in ein, zwei Generationen abgerissen werden können. Die rundliche Siebenunddreißigjährige mit langen schwarzen Haaren arbeitet bei Shankill Partnership, dem protestantischen Äquivalent zu Harry Connollys Organisation. Beide Gruppen haben gemeinsam einen Stadtplan ihrer Viertel erarbeitet, auf dem die Sehenswürdigkeiten verzeichnet sind. Je nachdem, wie man ihn faltet, steht entweder »Shankill« oder »Falls« auf dem Titel. Die Lebensbedingungen und die sozialen Probleme haben sich in den beiden Vierteln schließlich nie sonderlich unterschieden, sagt Small. Aber nur ein einziges Mal haben die Menschen auch gemeinsam gekämpft. Das war im Oktober 1932, als die Arbeitslosigkeit dramatisch gestiegen war. Weil es kein Wohlfahrtssystem gab, kam es zu den sogenannten »Hunger-Krawallen«.

Smalls recht chaotisches Büro liegt im Erdgeschoss des Spectrum Centre, eines dreitausendsechshundert Quadratmeter großen Mehrzweckgebäudes mit Konferenzräumen, einem Auditorium, einem Tonstudio, einem Restaurant und einem Animationsstudio. Das ist die neue Shankill Road. Gegenüber findet man ein Relikt aus Zeiten, die man überwinden möchte: Den »Ulster Souvenir Shop« mit Porträts der Queen und des alten Protestantenführers Edward Carson sowie dem verwitterten Spruch am Giebel: »Eine Insel – zwei Nationen.«

Ein Stück die Straße hinunter, neben dem Iceland-Supermarkt, wird auf einer anderen Giebelwand an die fünf IRA-Anschläge auf der Shankill Road erinnert, bei denen insgesamt fünfundzwanzig Menschen starben. »Die Wandgemälde sind unsere wichtigste Attraktion«, sagt Small. »Der Reisejournalist Simon Calder hat sie sogar zur bedeutendsten Sehenswürdigkeit im Vereinigten Königreich erklärt.« Der Staat hat drei Millionen Pfund zur Verfügung gestellt, damit die alten, blutrünstigen Bilder durch neue mit historischen, kulturellen oder sportbezogenen Motiven ersetzt werden. Der Großteil des Geldes geht an die protestantischen Viertel, denn auf katholischer Seite sind die meisten paramilitärischen Wandbilder schon vor Jahren verschwunden.

»Die Wandgemälde und die Friedensmauer sind

aber nur kurzfristige Attraktionen«, sagt Small. »Doch wir haben mehr zu bieten: die Leinenindustrie, die beiden Weltkriege, die Frühgeschichte. Am Ende der Shankill liegt eine der frühesten Ansiedlungen Belfasts mit Forts aus der Bronzezeit.« Auch Small klagt, wie Connolly, über die fehlende Infrastruktur. Am dringlichsten seien die Hinweistafeln, damit die Touristen auf den Stadtrundfahrten, bei denen man jederzeit aus dem Bus aussteigen und in den nächsten wieder einsteigen kann, wissen, wo sie sind und vielleicht ihre Fahrt auf der Shankill unterbrechen. »Sonst sitzen wir weiter in unserem Goldfischglas«, sagt Small, »und werden bestaunt von den durchreisenden Besuchern, denen bei den Gruselstorys aus Konfliktzeiten ein wohliger Schauer über den Rücken läuft.«

Peitschenhiebe und schwanzlose Katzen

Isle of Man

Sie ist berühmt für die schwanzlosen Katzen und für das Motorradrennen, die »Tourist Trophy«. Aber auch außerhalb des Rennens darf gerast werden: Auf den meisten Straßen der Isle of Man gelten keine Geschwindigkeitsbeschränkungen. Die Insel Man, wie sie auf Deutsch heißt, liegt in der Irischen See, nur neunundzwanzig Kilometer von Schottland entfernt.

Zwischen dem 8. und dem 10. Jahrhundert wurde Man ein Außenposten der Wikinger und war bis zum 13. Jahrhundert Teil des norwegischen Königreichs der Hebriden. Heutzutage ist die Isle of Man als autonomer Kronbesitz zwar der britischen Krone unterstellt, aber weder Teil des Vereinigten Königreichs noch eine Kronkolonie. Der Europäischen Union gehört die keltische Insel, deren Sprache, das »Manx«, nur noch von einem Prozent der Bevölkerung als Muttersprache gesprochen wird, auch nicht an. Deshalb ist die fünfhundertzweiundsiebzig Quadratkilometer kleine Insel ein Steuerparadies für englische Steuerhinterzieher und Sitz zahlreicher Offshore-Firmen.

London ist lediglich für Außenpolitik und Verteidigung zuständig, den Rest regelt die Inselregierung selbst. Die Insel genießt einen verfassungsrechtlichen Sonderstatus. Britische Gesetze gelten nur dann, wenn sie vom Inselparlament, dem 979 gegründeten Tynwald, dem ältesten durchgängig bestehenden Parlament der Welt, ausdrücklich übernommen werden. Das Parlament besteht aus einem von London bestimmten Gouverneur, einem Legislativrat mit elf Mitgliedern und einem aus vierundzwanzig gewählten Abgeordneten zusammengesetzten Unterhaus.

Nach dem Gesetz der Insel können Straftäter im Alter von vierzehn bis einundzwanzig Jahren von Polizeibeamten öffentlich ausgepeitscht werden. Die »korrektive Maßnahme« muss von einem Arzt überwacht werden. Kindern unter vierzehn Jahren bleibt die Peitsche erspart – sie werden mit dem Rohrstock verprügelt, wenn sie gegen Gesetze verstoßen.

Das letzte Mal allerdings wurde 1976 ein irischer Tourist mit Peitschenhieben bestraft, weil er eine Prügelei angezettelt hatte. Drei Jahre später bezeichnete der Europäische Gerichtshof für Menschenrechte die Auspeitschungen als »gemeine und ungewöhnliche Strafe«. Diese Kritik rettete 1981 einen jungen Schotten, der auf der Fähre nach Douglas einem Mitreisenden ein Bierglas über den Schädel geschlagen hatte. Er sollte zunächst mit vier Hieben auf den rechten Weg gebracht werden. Nachdem sein Anwalt jedoch den Gerichtshof für Menschenrechte zitierte, wurde das Urteil in eine Geldstrafe umgewandelt. Auf der Isle of Man gibt es kein Jugendgefängnis.

Die siebzigtausend Bewohner der Insel sind sich über die Einstellung der Auspeitschungen keineswegs einig, genauso wenig wie über die Legalisierung der Homosexualität 1992. Bis dahin hatte die Polizei den Schwulen an ihren Treffpunkten regelmäßig aufgelauert und sie vor die Gerichte gezerrt. Männer konnten auf der Isle of Man wegen Homosexualität zu lebenslanger Freiheitsstrafe verurteilt werden. Innerhalb weniger Tage vor der Legalisierung wurden einundzwanzig Männer verhaftet und wegen »grober Unanständigkeit« angeklagt.

Die Aktion löste zwei Selbstmorde aus: Der fünfunddreißigjährige Kevin David McCauley vergiftete sich am Strand mit den Abgasen seines Autos, nachdem er angeklagt worden war. Zwei Tage zuvor hatte sich Derek Wild, ein Aktivist für Schwulenrechte, im Garten seines Hauses erschossen, als die Polizei ihn zu einem Verhör abholen wollte. Alan Shea, der vergeblich als Vertreter der Schwulen für das Abgeordnetenhaus kandidiert hatte, sagte, »die Isle of Man sollte in Todesinsel umbenannt werden. Es gab hier so viele Selbstmorde.«

George Waft, der Westminster-Abgeordnete der Insel, meinte hingegen, dass Auspeitschungen und Anklagen wegen Homosexualität gar keine Strafen wären: »Der Betreffende und seine Familie profitieren doch davon, indem sie die Geschichte an Zeitungen verkaufen.«

Das Paradies-Projekt – Der Garten Eden in Cornwall

England

Er würde auch ohne Lohn arbeiten, sagt Graham Philips: »Es ist einfach großartig, bei diesem Projekt mitzumachen. Es ist wie im Paradies.« Das Projekt heißt Eden. Es sind die größten Gewächshäuser der Welt, die in der Südwestecke von England, in Bodelva in der Grafschaft Cornwall, gebaut worden sind. Philips fährt hier einen Traktor, an den vier lange, offene Waggons angehängt sind. Besucher können sich darin vom Eingangsgebäude zu den Gewächshäusern fahren lassen, wenn sie den zehnminütigen Fußweg scheuen, der an den Abhängen angelegt worden ist.

»Es ist ein Projekt der Superlative«, sagt Philips. »Allein schon die Anfahrt! Wenn man über den Hügel kommt, blickt man plötzlich auf diese Gewächshäuser im Tal, die aussehen wie riesige Insektenaugen, die aus der Erde quellen.« Nicholas Grimshaw, der Architekt des futuristischen Eurostar-Bahnhofs Waterloo in London, hat den Paradiesgarten entworfen. Er benutzte dafür ein Computerprogramm, das die Sonneneinstrahlung an jedem Punkt des Tals berechnete. Passgenau wurde so jeder Stahlträger für das tropische Gewächshaus konstruiert.

Das ist stolze zweihundertvierzig Meter lang, hundertzehn Meter breit und bis zu fünfundfünfzig Meter hoch. An der Nordseite ist es an einen

Felsen gebaut. Weil Glas zu schwer für die Stahlträger wäre, benutzte man eine mit Luft gefüllte Spezialfolie, die von einer Firma in Bremen geliefert wurde. Ein Computer misst ständig Temperatur und Luftfeuchtigkeit in den Hallen, er steuert die Dachöffnung und die Warmluftzufuhr über dicke Stahlrohre, die oben vom Felsen in das Gewächshaus hineinragen und wie gigantische Panzer aussehen.

»Es ist ein lebendiges Pflanzentheater«, sagt Tim Smit, der Erfinder des Eden-Projekts. Die Idee dafür ist dem Sechsundvierzigjährigen Anfang der neunziger Jahre bei einem anderen Projekt gekommen. Sein Freund John Nelson hatte im nahe gelegenen Heligan ein Grundstück geerbt. Der Garten war siebzig Jahre sich selbst überlassen worden und völlig verwildert. Smit und Nelson machten sich ans Aufräumen, und was als Hobby begann, wurde schnell zum größten Garten-Restaurations-Projekt Europas. Aus der ganzen Umgebung kamen Menschen, die ihre Freizeit in den Garten investierten.

Auf denselben Enthusiasmus der Nation der Gärtner baute Smit auch in Bodelva. Anders als in Heligan benötigte er hier aber viel Geld. Sechsundachtzig Millionen Pfund hat Eden bisher gekostet. Die Gelder kamen vom Europäischen Entwicklungsfonds und privaten Investoren, an Lottogeldern flossen neunddreißig Millionen Pfund. »Wichtiger als alles Geld war aber das Team, das 1999 die Arbeit in Bodelva aufnahm«, sagt Smit. »Es waren Leute darunter, die hoch bezahlte Jobs aufgaben und finanzielle Einbußen in Kauf nahmen, weil sie an unser Projekt glaubten und wollten, dass es Erfolg hat.«

Ruth Trevenna, die aus einem Nachbardorf stammt, gehörte von Anfang an dazu. Sie ist Mitte vierzig, hat lange schwarze Haare, die beginnen, grau zu werden. Am Eingang zum tropischen Gewächshaus zieht sie Jacke und Pullover aus, drinnen herrscht eine feuchte Schwüle. Der Weg führt vorbei an Zitronenhainen, Zuckerrohr-, Kaffee- und Teeplantagen, Bananenstauden, Palmenwäldchen und Ananasbeeten, bis man hoch oben unter dem Dach an einem Wasserfall ankommt, der in eine Lagune fließt. Achtzigtausend Pflanzen wachsen im Paradiesgarten, der die Klimazonen der Welt nachbildet. Viele seltene Pflanzen wurden von botanischen Gärten weltweit gestiftet.

»Zu unseren besten Stücken gehört die Coco-de-Mer, die doppelte Kokosnuss«, erzählt Trevenna. »Keine Pflanze der Welt hat einen größeren Samen, er sieht aus wie ein riesiger Hintern. Die Coco-de-Mer wächst in der Wildnis nur auf den Seychellen, sie steht unter Naturschutz. Jede Nuss wird dort registriert und nummeriert. Die Regierung der Seychellen hat uns zwei Stück gestiftet.« Für den Pflanzenschutz in Eden sorgen Vögel, Insekten und Reptilien.

»Oben im Regenwald lebt ein Rotkehlchen«, erzählt Trevenna weiter. »Es mag das Klima offenbar. Als wir die letzten Folienscheiben einsetzten, haben wir versucht, den Vogel hinauszujagen. Aber sobald er die kalte Luft Cornwalls spürte, machte er kehrt und versteckte sich im Gewächshaus.« Nach zwei Jahren Bauzeit konnte Eden am 17. März 2001 eröffnet werden – zu einem Zeitpunkt, da das Land mit der Maul- und Klauenseuche kämpfte und viele Bauern ihre Höfe nicht verlassen konnten. Das hat Tim Smit Kritik eingebracht.

Aber Eden konnte nicht warten, es ist ein Unternehmen, das auf die Eintrittsgelder angewiesen ist.

Fünfzigtausend Besucher kamen in den ersten zwei Wochen. Das beruhigte die Nerven des Teams. Denn siebenhundertfünfzigtausend Besucher im Jahr sind nötig, damit Eden sich rentiert. Schließlich will man ein Fiasko wie den Millennium Dome in London, das gescheiterte Prestigeobjekt, vermeiden.

Wirtschaftswissenschaftler der Universität Plymouth schätzen, dass dank Eden sechsunddreißig Millionen Pfund im Jahr in die regionale Wirtschaft fließen werden – das entspräche achtzehnhundert neuen Jobs. Bereits vor der Eröffnung kam eine halbe Million Menschen zur Baustelle. »Cornwall gehört zu den ärmsten Regionen Großbritanniens«, sagt Ruth Trevenna, »die Grafschaft lebt vom Tourismus. Außerhalb der Saison ist die Arbeitslosigkeit hoch, weil die traditionellen Industrien, der Bergbau und die Fischerei, abgewirtschaftet haben.«

Mehr als hundert Jahre wurde hier in Bodelva Porzellanerde abgebaut, bis die Grube 1998 erschöpft war. Um die Eden-Gewächshäuser zu bauen, mussten 1,8 Millionen Tonnen Erde bewegt werden. »Das hat die Geister der Bergarbeiter wahrscheinlich amüsiert, falls sie vom Himmel aus zugeschaut haben«, sagt Trevenna. »Die Grube, die sie über Jahrzehnte ausgeschachtet haben, wurde nun mühsam wieder aufgefüllt.« Während der Arbeiten setzte dann auch noch ein Unwetter ein, das mehrere Wochen andauerte: Hundertdreiundsechzig Millionen Liter Wasser flossen in die Grube. Die Ingenieure des Eden-Projekts entwickelten ein ausgeklügeltes Drainagesystem, das seither zweiundzwanzig Liter Wasser pro Sekunde abpumpen kann. »Das Wasser wird aber wiederverwendet«, sagt Trevenna, »für den Wasserfall im Tropenhaus, für die Toiletten und für den künstlichen Fluss.«

Die Menschen sollen lernen, dass sie die Welt, in der sie leben, positiv beeinflussen können, wenn sie zusammenarbeiten, sagt Projektleiter Tim Smit. Er erhebt für Eden den Anspruch eines alternativen Bildungsprojekts, mit dessen Hilfe das Umweltbewusstsein geschärft werden soll. In den »Biomen«, den Treibhauswaben, hängen denn auch zahlreiche handgemalte Plakate, die den Alternativcharakter des Projekts verstärken sollen. Sie heben die Bedeutung von Pflanzen als Rohstoff und Lebensspender hervor und mahnen zum sorgsamen Umgang.

Eden sei eben kein Disneyland mit Pflanzen, sagt auch Ruth Trevenna. »Wir setzen uns für fairen Handel, gegen Kinderarbeit und für den Erhalt bedrohter Flora ein. Wir wollen unseren Besuchern verdeutlichen, dass sie jeden Tag mit Pflanzen in Berührung kommen. Sei es, wenn sie Tee trinken, Schokolade essen oder einen Lippenstift benutzen.«

Doch gerade Umweltschützer halten wenig vom Eden-Projekt. »Es ist ein Baummuseum«, sagt Karen Westbrook von der Green Party abfällig, »und keine Nachbildung des Ökosystems verschiedener Biosphären. Ich glaube, viele Menschen gehen lieber in einer natürlichen Umgebung spazieren.« Westbrook glaubt, dass Eden die Umwelt sogar schädige. »Tausende Menschen kommen für einen Tag nach Cornwall und sorgen für Staus und Luftverschmutzung«, sagt sie. »Und diejenigen, die über Nacht bleiben, gehen nicht in die kleinen Familienpensionen, sondern in die großen Hotels.«

Graham Philips hat für heute die letzte Fuhre zurück zum Eingang gefahren. Zum Abschied sagt er den Besuchern: »Das Eden-Projekt wird nie fertig. Es wird ständig weiterentwickelt. Deshalb müsst ihr immer wiederkommen.«